大学生体育训练教学发展

韩相伟 著

北京工业大学出版社

图书在版编目（CIP）数据

大学生体育训练教学发展 / 韩相伟著. — 北京：北京工业大学出版社，2020.4（2021.10 重印）
　ISBN 978-7-5639-7372-9

　Ⅰ. ①大… Ⅱ. ①韩… Ⅲ. ①大学生－运动训练－研究 Ⅳ. ①G808.17

中国版本图书馆 CIP 数据核字（2020）第 076048 号

大学生体育训练教学发展
DAXUESHENG TIYU XUNLIAN JIAOXUE FAZHAN

著　　者： 韩相伟
责任编辑： 任军锋
封面设计： 点墨轩阁
出版发行： 北京工业大学出版社
　　　　　　（北京市朝阳区平乐园 100 号　邮编：100124）
　　　　　　010-67391722（传真）　　bgdcbs@sina.com
经销单位： 全国各地新华书店
承印单位： 三河市嵩川印刷有限公司
开　　本： 710 毫米 ×1000 毫米　1/16
印　　张： 10.75
字　　数： 215 千字
版　　次： 2020 年 4 月第 1 版
印　　次： 2021 年 10 月第 2 次印刷
标准书号： ISBN 978-7-5639-7372-9
定　　价： 54.00 元

版权所有　　翻印必究

（如发现印装质量问题，请寄本社发行部调换 010-67391106）

前　言

　　随着我国教育事业的不断发展，人们对素质教育的重视程度越来越高，体育课程作为素质教育的重要组成部分，也受到了广泛的关注。学生通过对体育课程的学习，可以提高自身的身体素质，使身心得到放松，同时对日后的学习与发展也有十分重要的影响。但是就目前大学体育课程的教学情况来看，其效果并不理想，很大一部分学生的身体素质较差，并且对体育课程的学习提不起兴趣，使大学体育课程的顺利开展受到了阻碍，同时也降低了体育教学的质量。基于此，本书分析探究了目前大学体育课程教学中存在的一些问题，并有针对性地提出了相关的教学策略，希望能为大学体育训练教学提供一些参考和建议，最终推动学生的全面健康发展。

　　高校体育教师在组织学生进行体能训练的过程中，不仅要关注过程的科学性，还要注重结果的真实性。体育教学是提升学生身体素质的重要手段，因此也是学生需要考核的项目之一，直接关系到学生的毕业成绩，成为学生必须要重视的问题。高校体育教师需要抓住大学生的关键心理，提高其对体能训练的重视程度，对学生实施科学的引导，具体做法如下：第一，高校需要开设专门的体能训练课，并且要考核学生参与体能训练课的次数与时间，教师不一定要使用课堂教学的方式，也可以尝试使用特定场地或范围内的自由式教学模式，可以在体育场地设置专门的区域，并安排专人负责管理、考勤等工作，可以定期在全校范围内通报学生参与的情况与取得的成果。这种公开化、透明化的考核方式，将学生体能训练的过程与结果展示在全校师生面前，可以有效防止作弊，也能起到警示和提醒的作用。第二，在每个学期的体育综合考核中，对学生的各项指标进行测试，检测的项目要全面，成绩计算要准确。

目　录

第一章　运动训练基本理论 …………………………………… 1
第一节　高校体育教学与运动训练的关系 ………………………… 1
第二节　高校体育教学中体育运动训练的基本原则 ……………… 3
第三节　高校体育教学中开展体能训练的意义与方法 …………… 7
第四节　高校体育教学中的学生心理素质训练 …………………… 9
第五节　高校体育田径教学中的体能训练 ………………………… 13
第六节　高校体育教学中体能训练的有效方式与注意事项 ……… 15
第七节　高校体育教学与训练中练习指导法的重要性 …………… 18
第八节　体育训练对提高大学生体质健康水平的影响 …………… 21
第九节　高校课余体育训练教学改革与可持续发展 ……………… 25
第十节　大学生体育训练改革的重要趋势 ………………………… 28

第二章　大学生体育训练模式 …………………………………… 31
第一节　高校体育训练新模式 ……………………………………… 31
第二节　高校体育教学引入拓展训练模式 ………………………… 35
第三节　高校体育教学与运动训练互动模式 ……………………… 37
第四节　高校课余体育训练社会化模式 …………………………… 40
第五节　高校健美操教学训练一体化模式 ………………………… 43
第六节　高校体育教学"翻转课堂"模式 ………………………… 45
第七节　高校体育教育专业创新型人才培养模式 ………………… 48
第八节　高校体育教学引入训练营活动模式 ……………………… 51
第九节　高校体育中长跑训练及教学模式 ………………………… 56

第三章　大学生体育训练教学探索 ……………………………… 61
第一节　大学生体育拓展训练的教学思考 ………………………… 61

第二节　体育教学中运用拓展训练提高大学生心理素质……63
第三节　大学体育舞蹈教学中学生的美感训练……65
第四节　高校体育教学引入拓展训练加强大学生团队精神的研究……68

第四章　大学生体育训练教学的思考……71
第一节　高校大学生课外体育训练的动机分析……71
第二节　高校体育拓展训练课程教学……74
第三节　高校体育教学和运动训练的协调发展……76
第四节　高校体育耐久跑的教学与训练……78
第五节　大学生体育训练中的兴趣培养……80
第六节　大学生跆拳道训练体系的构建思路……83
第七节　高校体育篮球课中体能训练的教学现状与优化对策……87
第八节　体育教学中形体训练的价值与对策研究……89

第五章　大学生体育训练教学能力培养……93
第一节　大学生终身体育意识的培养……93
第二节　体育教育专业学生教学技能的培养……95
第三节　网球教学与训练中的意识培养……100
第四节　体育教育专业学生体育专业能力的培养……104
第五节　微格教学训练对体育教师教学能力的培养……112
第六节　体育舞蹈教学中美感的训练及培养……116
第七节　羽毛球教学训练中创新能力的培养……118
第八节　训练营与休闲体育专业学生核心能力的培养……120
第九节　体育特长生的教育和培养……125
第十节　大学生体育能力的培养……127
第十一节　排球教学训练中合作精神的培养……130

第六章　大学生体育训练教学实践应用研究……133
第一节　体育游戏在高校排球教学与训练中的应用……133
第二节　素质拓展训练在高校体育教学中的应用……135
第三节　表象训练法在高校体育舞蹈教学中的应用……139
第四节　循环训练在高校体育教学中的应用……141

第五节	分层优化教学在高校体育训练中的应用	143
第六节	户外运动训练在高校体育教学中的应用	146
第七节	基础训练在高校体育舞蹈教学中的应用	148
第八节	核心力量训练在高校体育教学中的应用	151
第九节	步法训练在高校体育网球教学中的应用	155
第十节	练习指导法在高校体育教学与训练中的应用	157

参考文献 ······ 163

第一章 运动训练基本理论

第一节 高校体育教学与运动训练的关系

当前,我国倡导素质教育,力求实现学生全面发展,体育训练是一个国家国民增强体质的基础,能够反映一个国家国民的生活水平和身体素质,在高校开展体育教学,不仅能提高学生的身体素质,还能为体育行业培养更多的技能人才。高校开展体育教学与组织学生运动训练是分不开的,体育教学和体育运动训练之间存在着相辅相成、互为表里的微妙关系,要实现高校体育教育事业的长效发展和人才培养目标,理清体育教学与体育运动训练之间的关系很有必要。本节先介绍体育教学和运动训练的概念和内涵,然后分析体育教学和体育运动训练的异同和关系以及当前高校体育教学和运动训练中存在的主要问题,最后就高校体育教学与运动训练的合理开展提出几点意见和建议,为高校体育教学改革创新提供思路参考和经验借鉴。

当前高校的体育教学和运动训练中或多或少存在一些不足和问题,对于体育教学和运动训练关系的理解和处理混乱,导致学生的体育基础较弱,实践能力不高,面对日趋激烈的教育行业竞争和人才市场竞争,高校必须深化体育课程教学改革,创新教学思路和方法,从而实现高校教学质量的不断提升。

一、体育教学和运动训练的概念和内涵

体育教学是一种用来实现体育目标和完成体育运动任务的方法途径,是体育工作最基本的一种形式。体育教学需要根据体育课程教学大纲按步骤实施,这种教学过程具有一定的组织性、纪律性、计划性和目标性。体育教学担负着向体育学生传授基础体育理论知识和相关运动项目技能技巧的教育任务,目的是锻炼学生的身体素质,提升学生的体育素养,通过体育教学锻炼和习得的过

程，逐渐提高学生的思想道德素养，实现学生的综合发展。

体育运动训练也是实现一定的体育目标和完成体育任务的途径和方法，体育运动训练通常是在专业的体育教师和教练的指导下，对体育运动员进行的一种高技能、高竞技水平的专项体育训练活动，是有组织、有目的的训练，这一训练过程涵盖对运动员身体素质、心理素质、运动技巧、运动战术和思想情绪的训练。

二、体育教学和体育运动训练的异同和关系

体育教学的主要目标是通过体育教学让学生掌握一定的体育运动知识和具备一定的体育运动能力和技巧，实现身心的健康发展，提升思想道德素养；而运动训练的目的具有一定的针对性，强调对运动员开展专项竞技体育训练，实现运动员体育运动竞技能力的提升。相比较而言，体育运动训练更具有专业性，对于相关的教练、运动设备等的要求更高。

虽然体育教学和运动训练具有一定的差异，但是，两者也有很多共通之处。体育教学和运动训练都通过教学和训练来实现学习者运动能力的提升，只是体育教学更偏重理论，而运动训练更倾向于实践，高校要正确认识体育教学和运动训练之间的关系，合理改革体育教学方法，创新教学途径，实现高质量、高水平的高效体育教学目标。

三、当前高校体育教学和运动训练中存在的主要问题

当前，随着我国教育事业、体育事业的发展，体育专业规模在不断扩大，在专业建设、教学、竞赛等方面出现了一些问题。首先，体育专业的教学目标与社会需求脱节、课程设置不够合理、教学理念也相对滞后；新技术、新方法应用不多，采用传统课堂式教学模式较多，大量在训运动员的学习和训练时间冲突，学训矛盾突出。其次，院校缺乏高水平赛事，大量拥有专业技能的运动员入学后，没有机会参与竞赛活动，不利于运动技能水平的提升；同时，由于缺乏参与训练和竞赛、组织和竞赛管理等实践课程，导致毕业生专业水平不高、就业困难。体育教育的改革需要调动社会力量参与并激发院校的活力。通过搭建交流互动平台，进行教学、训练和竞赛的一体化改革，打造适应新形势的运动训练专业人才培养模式。

高校体育教学要满足素质教育的要求，必须认识到目前体育教学中对于教学和运动训练关系处理的不足等问题，及时采取有效措施，突破传统教学限制，理论联系实际，开展校际合作，不断提升学生体育学习和锻炼的兴趣，提高体育教学质量。

第二节　高校体育教学中体育运动训练的基本原则

人类在长期的生产生活和劳动中逐渐形成了体育教学和体育运动训练，它们与高校体育教学有相似的地方，实行原则也基本一致，但二者也有一些具体差异。体育教学的主要目的是运用正确的体育教学方式，使学生得到完善的锻炼，而体育运动训练则是为了培养具有专业水平的运动员。本节通过对体育训练基本原则加以全面分析，从而摸索出体育教学的相关启示。

体育运动规律是人类在长期的生产生活和劳动中逐步形成的，它作为一种别样的思想文化，是人类从自身的动作行为方式中分离出来的一种形式。高校体育教育教学主要是为了提升大学生的身体素质和运动能力，而体育运动训练的目的却主要是培养专业运动员，专业性和能力性最为关键。不管是前者培养的教学思想还是后者培养的专业运动都是为了更好地推崇体育文化。通过种种体育运动行为，可使学生资源和运动员资源更丰富，专业水平更高，体育运动训练成为很多体育院校研究的主要内容。

体育有其自身特质和功能，是人类生产和生活的综合性体现，在具体的行为和实践中的表现也各有不同。高校的体育一方面是教学，一方面是训练，对于那些参加竞技运动赛事的人而言，主要还是在于运动训练。体育教学与体育训练不同，实践的特征和相关的原则和方法也不一样，这直接引发了关于二者区别与联系的探讨，并且对相关作用进行了分析，这样有助于高校更加高效地开展教学，也能更好地将体育运动训练工作落到实处。对于体育高校教学方面的探讨和研究，一定要加强经验和体会的提炼，做到全面把握。

一、体育运动的相关训练

体育运动训练一方面是为了实现体育运动的目标，完成运动任务，改变体育运动方式，另一方面通过教练的指导和运动员的学习和训练，不断提高运动员的运动技能水平和身体素质水平，形成系统专业的训练。运动员学习和练习的内容主要包括身体运动训练和运动技能战术训练等。当然，从某种意义上讲，体育运动训练的教学活动也存在，这主要是由运动员的文化水平决定的。为了提升运动员整体水平，每个运动员都需接受良好的理论化教育，多学专业性的运动知识，运动员的任何体能练习和教育都无法代替理论化学习，在业余运动的基础上进一步建立专业化运动模式，文化学习也就成了运动训练不可忽视的环节，而在很多市场专业化需求中，确实亟须理论化知识的支撑。

二、体育运动训练的各项原则

体育运动训练原则是对体育运动训练过程的规律总结,形成了开展体育训练的相关要求。原则的执行必须严格按照运动训练的动作特征和运动员个人身体的实际情况执行,进而教练才好实施教学的某些内容、方法,训练活动的开展更要按照训练原则进行。

(一)基础训练与专业训练相结合原则

专业体育运动训练旨在提升运动员的专业化技能,取得良好的运动成绩,乃至使运动员形成专业化的有效技能。在体育专业化运动中,全面提升运动员的专业化技能,是提高运动员水平的关键,在专业知识的学习上得下功夫,在训练中要严格秉持基础训练和专业训练相结合的原则。所谓的基础训练就是训练方法多样化的体现,在体育运动训练中能进一步提升运动员的专业素质和动作的协调性,不断增强运动员的身体素质和体质,在理论化学习与实践训练相结合的状态下,获得更大程度的进步。专业训练要求相对严格,必须按照运动的特点,对专业要点和动作加以规范,明确操作要领,严格按照专业动作的训练水准执行,实现运动水平和质量专业化水平的提升。二者的主要差别在要求和规格,以及目标范围和相关要求等方面。提高专业化运动技能水平是二者都具备的作用,这是它们的共同之处。在具体的训练中,不允许将它们相互之间的促进作用割裂开来。换言之,基本训练是专业训练的基础,而专业训练又是基本训练的规范,若其中一方面缺失了,动作的有效性就会成为泡影。

(二)适度执行原则

在教学中实行因材施教原则,在训练中实行适度执行原则。适度执行原则主要用于体育运动训练之中,针对运动员的不同体质状况以及其在运动中不同的适应情况,采取灵活多样的运动方式,制订符合实际的有效的训练方案,对他们进行适度的、渐进的运动训练量的安排。对于那些身材偏胖,在快速运动中容易喘息不匀的运动员,可放宽运动时间的限制,采取适度的运动量。在篮球运动当中,对一些冲撞或摔倒时的保护动作的规范应该有所执行,以提升运动的整体安全性能。运动训练具有自身的客观性和规律性,必须要遵循,因此,要在实行过程中,注重运动训练和个人运行的具体差别,按照训练程序进行,保证具体操作的顺利执行。

(三)一般训练与特殊训练同步进行原则

一般训练要通过不断更新内容,采用多变的训练方法,在体育运动中形成技能和体能的综合提升方法，运动员身体的各种技能以及技能水平的改善和提升，是其运动生涯的开始，也是形成关键性运动基础和更好地运动的保障，为下一步的身体专项训练奠定了身体和技能发展的基础。特殊训练是在明确训练目标的情况下，根据不同体质的运动员采取有针对性的、长期的、有效的、专业程度较高的训练，以实现运动员专项技能的大幅度提升。二者的相同性主要体现在训练项目内容及部分手段，乃至训练的具体目标上，二者的差异性也比较明显，一般训练主要还是技能的基础积累，而特殊训练是在此基础上的拔高，是对成绩的创造。二者存在目标相同，相互促进、相辅相成的关系。在部分情况中，一般训练与特殊训练的界限比较模糊，需看运动员自身的训练和身体情况，一般训练的效果好，运动员本身身体素质有所改善、身体机能有所加强，则极有可能转化为特殊训练，体现训练强度和专业性；相反在特殊训练之中的运动员，训练效果不明显，身体机能不理想，也可直接转至一般训练。

（四）运动训练过程灵活性和具体化原则

在运动训练中，特别要注重灵活性的训练原则，要根据运动员不同的运动状态，调整运动量和强度。在运动方法的制订上一定要符合具体实际，让运动员的运动承载量符合自身体能状况，不能因为超量和强度过大的训练造成身体损伤，带来人生遗憾。教练必须对每个运动专项的具体特点和决定性因素有所把握，遵循一定的运动规律和规范，从专项运动与运动员本身的特点出发，进行针对性强的运动训练。针对高校学生多、教练员少的情况，要培训教练员具备处理复杂情况的能力，教练员可尝试小组训练的方法和形式，减少训练方案的分散性设置，这样在减轻教练员工作负担的同时，也提升了训练效率。不同运动项目和同一运动项目不同阶段都有一定的差异性，需要教练坚持具体化训练原则做到区别对待。

三、体育运动训练对高校体育教学的启发

高校的体育运动训练内容包罗万象，引进体育运动，对丰富其体育活动内容，增强训练效果是有帮助的。我国高校的体育运动现状是，体育教学内容与体育运动训练内容的相关标准还有所出入，各大高校目前采用的都是传统的教学模式，即便与运动训练有相同的部分，更多的也是差异性的体现。高校体育教学积极地从体育运动训练中获得经验和各种启示，对于其发展极为有利。

（一）专业竞技运动训练对高校体育教学的启发

体育运动训练是专业运动的重要形式，大众可通过专业运动提升身体素质，

或者满足娱乐和健康需求；而体育运动达到专业层次就会成为高水平的体育竞技活动。专业运动在体育运动的支撑下，让人们获得了身心锻炼的更好效果。而在一些职业的体育竞技赛中，观众对之很关注，并能更大程度地调动其自身情绪，这是参与体验愿望的实现。在体育强健体魄的价值观追求上，高校体育教学和体育运动训练二者的观念保持一致。专业运动的训练，在熟悉人体技能的规律和有效使用锻炼方法的情况下，提升体育锻炼依据的科学性，并发挥锻炼作用，在体育运动体系不断完善的情况下，训练本身就是一种专项训练活动，可以指导高校体育教学。

（二）专业运动训练原则对高校体育教学的启发

体育运动训练掺杂着很多教学元素，参与某项运动训练要遵循相关原则和采取科学的训练方法，二者共同对体育教学进行参照性体现，要不断进行方法总结，完善训练规则，按照专业性的运动方式指导高校体育教学。专业运动过程通过动作演示以及专业术语的指导使理论和实践相结合，专业运动训练的基础训练原则也适用于高校体育教学。高校体育教学按照一定的教学方式和运动训练方式进行，增强专业运动训练的竞技意义，丰富专业性功能，使体育教学具有专业性教学的特质。

（三）先进科学运动训练对高校体育教学的启发

专业运动训练对专业性的要求不高，是先进科技手段对知识和运动理念的推广和执行，高校体育教学也应该具备更加专业化的教学眼光。体育教学应该运用现代先进科技，并利用相关知识提升教学质量，加强训练方式以及先进的体育器材的供应，在不断提升和改善教学条件的情况下，提高高校学生的综合素质，起到教学的示范作用。体育运动训练应该在高校加强体育教学知识的传授，并发挥训练人员的长处，加强理论建设，在高校体育教学中吸取相关经验，为科学化的体育运动训练提供有效保障。

专业的体育运动训练为高校体育运动训练和体育教学提供了更多有效的支撑，应加强体育运动训练方法和相关性原则在高校体育教学中的运用，从而不断总结体育运动工作的经验，用最科学的教学方法提高高校体育教学效率。体育教师应采取演示法和示范法，或者尝试更多其他方式，为教学效能的提升提供保障和基础。在高校体育教学中，方法的改良是重要的一个环节，能给学生带来直观的学习体验，在教学中应该采用常用规则，并对教学有所侧重，从而在不同形式的教学中彰显体育的魅力。高校体育教学中的教学原则、方法与体育运动的训练在很大程度上具有一致性，应相互促进、相互借鉴，发挥教育的功能。

体育运动有一个漫长的发展过程，应将健康价值体现出来，对全面性的人体活动有所促进，并要抓住其发展规律。尽管体育运动应用于高校教学显得专业性过强，但只要具有科学的训练方式、完整的训练规则，具备有效的体育训练教学知识，就能为体育教学提供最佳的参照标准，达到更好的教学效果，对教学质量的提升和促进高校学生身心健康具有极其重要的意义。

高校的体育教学要注重体育训练，并尽可能早地涉及基础知识、技术，乃至指导，从而达到提高体育运动成绩的同时发展体育技能的目的。高校体育教学应在正确的体育训练的基础上实现知识和技术的共同进步，进一步丰富高校体育教学的活动内容。体育运动训练可遵循一定的教学规则与原则，发挥学校的长处，提升文化知识水平和运动技能水平。体育运动训练可从高校汲取专业的体育教学知识，结合自身技能的长处，形成系统性的发展方式。二者应该互融互通，实现科学化的发展，创造更有效的训练方式。

第三节　高校体育教学中开展体能训练的意义与方法

体育作为一门促进学生身体健康发展的学科，对于增强学生的体质和体能有重要的意义，毕竟身体健康是一切的基础和前提。在我国，大学生的体质测试结果差强人意，大学生因缺乏有效的体育训练，而引发了肥胖、体质弱和免疫能力差等一系列问题。因此，在高校体育教学中开展体能训练是有现实意义的，大学生通过体能训练会逐步提高个人的身体素质，对于以后的生活影响深远。

一、高校体育开展体能训练的意义

我国大学生严峻的体质问题，阻碍了大学生全面发展的培养目标的实现，不利于大学生体育教学的综合发展。因此，促进高校体育教学中体能训练的开展，势在必行。大学生充足的体能和良好的身体素质是完成各项体育活动的基础，也是大学生健康的本质要求。高校教育由两部分组成，文化教育旨在通过相关的知识教授培养大学生的专业技能和优秀品质，而体育教学则通过构建大学生良好的身体素质和综合能力，为大学生的学习和生活提供保障。在大学体育教学中，体能训练教学的开展，可以有效提升教学质量和教学效率，有利于大学生更好地完成各项体育活动，全面提升身体素质。

作为大学体育教师，应该深刻意识到引导学生参与体能训练可以增强学生对各个方面的适应能力，有利于大学生综合素质的提升。教师一定要避开体育教学的误区，不少高校教师把学生身体素质的提高作为一个急于完成的教学目标，导致了教学的功利性和目的性，容易造成身体损伤，反而不利于大学生体能训练的开展。大学生的体能训练是一个持续的过程，需要在日常的教学中逐步渗透体能教学，依据科学的指导和大学生的体质现状，逐步加大体能训练的力度，平衡好体育技能学习和体能训练的关系，切实提高大学生体能训练的教学质量，促进大学生身体综合素养的提高。

二、高校体育开展体能训练的方法

（一）树立体能教学理念，提出具体教学要求

对大学体育教学而言，树立正确的体能教学理念是有效开展体能训练的前提。我国的体能训练是在外国的体能训练得到长足发展的基础上发展而来的，相比较而言我国的教师对体能训练的科学内涵缺乏深刻的理解，也由于长久以来的体育观念的影响，体育课堂中的体能训练不可避免会出现一些问题。但是，大学体育教师应该立足教学现状，树立体能教学的理念，在具体的大学体育教学过程中制订明确和具体的教学目标和教学内容，做好科学的教学指导，引导大学生积极投入体能训练中，增强大学生对体能训练的认同感和参与感。大学体育教学在具体的教学活动中，要以体能训练为教学重点，充分激发大学生的身体潜能。

例如，树立体育教学理念需要在教学过程中渗透。在大学体育开设的相关科目中，教师要结合具体的教学项目开展体能训练。如在篮球这一门学科中，篮球是一门国际性的运动，以美国的篮球最为强势，篮球推崇身体对抗，对学生的体能有一定的要求。在教学中，教师要引导学生进行体能训练，从而提高其对体育的参与感。

（二）培养学生的体育兴趣，引导学生投入体能训练

体能训练是一项枯燥的活动，激发学生的体育兴趣是关键，这也是引导大学生开展体能训练，提升体育素养的内在要求。目前我国大学体育突出体现为田径、体操和球类运动，教师要丰富大学体育课程项目，让大学生可以依据个人的爱好选择所需要的体育项目，这有利于提高大学生参与体育运动的积极性。高校体育在教学设计中，应该开设形式多样的体育项目，扩宽大学生的体育选择范围，有利于激发学生对体育运动的兴趣。在学生参与体育运动的同时，技能不足会引导学生自主开展体能训练。由此可见，大学生在对体育产生浓厚的兴趣以后，会自觉投入体能训练环节中。

例如，大学生在选择体育课程时，应该符合个人的兴趣和身体状况。在选择体育项目时，学生必须尊重个人的身体综合能力和个人兴趣，选择适合自己的体育项目，这样在体能训练中也就不会存在不积极和不主动的现象，符合大学生自由学习和张扬个性的需要。体能训练是一个需要耐力和持久力的过程，大学生必须正确认识自身的体能并积极投入体能训练中，才能促进身体素质的提升。

（三）进行有效的教学评价，细化体能考核标准

高校体育教学应该优化评价机制，以科学化和合理化的评价来促进大学生的体质培养。体育课程的评价不应该只关注结果，而忽视学生参与体育过程的意识的培养，在体育评价中教师应该制订合理的考核标准，尊重学生由于体质不同而导致的差异，促进学生体能训练的开展。有效的体育评价体系可以调动学生参与体育课堂的热情，提升学生参与体能训练的积极性，有利于我国高校体育课程目标的实现。学校体育教师要制订一套以学生实际情况为基础的体育评价体系，鼓励大学生积极投入体能训练中来提升身体素质，从而提高体育教学的质量。

例如，在大学生一学期的体育评价中，教师不应该将测试结果作为唯一的评价标准。结合学生一学期的课堂表现，评价标准应该由出勤率、教师的平时打分和学生的综合表现构成，通过这种评价机制，重视学生的学习过程，将学生的课堂参与作为评价的参考，有利于学生真正投入体能训练课堂中。教师进行的教学评价旨在促进大学生体能训练的开展，也是培养大学生体育综合能力的体现。

总而言之，在当今大学生体育课程教学中，教师应该紧紧抓住体能训练这一重点内容，通过激发学生的训练兴趣，创造形式多样的体育教学环节来引导学生积极投入体能训练中，从而促进大学生身体素质的提升。

第四节　高校体育教学中的学生心理素质训练

高校的主要功能是对学生进行良好的培养，同时将更多的不同领域的精英人才进行培养后，让其成为社会中有用的人，因此对于高校的体育教育来说，其对学生身体素质的提升和心理的健康培养起着较为重要的作用。在高校体育教学中，研究如何有效地培养学生的心理素质具有理论和现实的双重意义。通过对学生进行相应的心理教育，让其在实践的过程中加以锻炼，以此来对学生

顽强的品质和勇敢的精神进行有效的塑造。本节对高校学生的心理特征进行了全面分析，同时深入研究了体育运动的特性，对如何训练学生的心理素质进行了剖析，以此来促进高校学生的身体和心理朝着有利的方向不断发展。

一、体育教学中学生心理素质训练的重要性

随着国内社会和经济的不断向前发展，民众的生活方式也发生了较大变化，同时民众对于身体素质的要求也呈现出日渐提高的趋势，并且对于身体素质的关注度也逐步提升。对于新时代的民众来说，要想在社会和工作中展现较好的精神状态，就要对自身的体魄进行不断的锻炼，同时还要有较丰富的知识储备，对于专业的技术要能有效地掌握。除此以外，民众也要有远大的理想和较强的创造能力，同时还要具备独特的个性和坚韧不拔的意志。只有将上述方面在自身全部进行体现，才能与社会发展的需求相适应，现阶段国内实施素质教育的主要目的，是对民众的整体素养进行全面提升，同时这也是人类在发展过程中必不可少的一个环节。心理素质和社会文化素质的有效结合构成民众的整体素质，同时在整体的素质中，核心的为心理素质，其呈现出较大的能动性，不仅能对民众身体健康潜能的发挥产生重要的影响，还是社会文化素质不断向前推进的基础，而且对于社会文化素质的提升具有决定性的作用。现阶段高校中的学生在心理层面出现了较多问题，例如，部分学生出现了对学习厌烦和自暴自弃等情况，少数学生还因心理问题做出了违法行为，所以从现实的角度来讲，对高校学生进行心理素质教育显得尤为重要。

二、高校学生心理特征分析

发展性和变化性是目前高校学生心理层面的主要特点。首先，学生在生理发育的过程中，逐步成为独立性强的个体，同时具有较为充沛的精力，在面对困难的时候能够勇往直前，但是也呈现出相应的矛盾。其次，在社会不断发展的背景下，环境的改变让学生对于理想的追求不能止步，同时还要对其目标进行相应的调整，以此来成为竞争激烈的社会中的精英人才。所以大学生的心理倾向具有鲜明的时代特征，是现实社会的真实反映。

（一）高校学生的心理展现

对于高校学生而言，其在心理层面已经呈现出较高的水平，同时在思维和逻辑方面也逐步从经验性改变为理性的逻辑思维，对于事物的因果关系呈现出较大的兴趣，但是在个别的时候还呈现出思辨能力不足的情况，对于现象的本

质和内在的联系还不能较好地把握。随着高校学生思维的改变，不断增强的独立和批判能力，让其能够在进行自我测评时得到较好的结果，但是也会出现有偏差的情况。高校学生智力不断提升的同时，其感知的能力和观察的能力也在不断提升，且高校学生的记忆能力处于最佳时期，对于信息的理解已经不是单纯地进行知晓，而是通过思维的思辨后进行有效的理解，但是还有偏差和主观的存在，有些时候还会呈现出过于自信和固执的情况。

（二）高校学生的情绪和情感分析

高校学生具有丰富的情感状态，并且对于事物能够产生各异的态度，但是因社会经验不足，其对于情感的体验虽强烈但消逝较快，较多地体现为对事物快速喜欢后，又快速抛弃，并且在自我控制的层面往往弱于成年人，如果在情绪方面出现不能控制的情况，就会逐步走向极端。

（三）高校学生的自我意识分析

现阶段高校的学生，在社会生活和学校生活中，对自身的品质和个性进行了有效的构建，同时也逐步形成了具有鲜明特色的人生观、价值观和世界观，其对于自我测评和教育的能力已经充分掌握，但是其自尊心较强，所以呈现出较差的自控能力。大学生的自信心和独立性进一步增强，有成人感，希望能够对自身的命运进行掌握，但是还存在较强的依赖性，有时对自身的能力过分自信，在碰到困难和挫折的时候，不能使用正确的方式来应对，从而又出现了悲观的心理，更为严重者会在心理层面产生障碍。

三、体育教学中学生的心理塑造

（一）体育教学中学生心理素质的培养方法

首先，要培养学生敏锐的观察能力。教师要对学生的心理和生理情况进行全面了解，同时对学生的言语进行细致的观察，在实施教学的过程中，让学生对动作的要点进行细致的观察。尤其是在实施专业性教学的过程中，要对学生的观察能力进行有效的提升，让学生对对方的情况进行了解后，精准地找出对方的弱点进行攻击。其次，要培养学生的记忆能力。在实施体育教学的过程中，要使用直观的教学方式，教师在讲授时可以进行现场示范，让学生在训练的过程中有效加深记忆。再次，要培养学生的组织能力。教师可以让学生承担裁判的工作，让其进行赛事的组织，同时将此种教学模式引入课外的体育活动中，以此来对学生的组织领导能力进行有效的提升。最后，培养学生的创新能力。

学生的心理状况往往呈现出复杂且改变频繁的特点，不同的学生在其心理层面也呈现出差异较大的特点，因此要想让各异的学生在心理层面都能得到较好的发展，教师就要结合教学内容对学生的创新潜力进行激发，例如，可以让学生对运动技术进行改变，同时让其思考如何有效对运动器材进行设计等。除此以外，还可以让学生负责活动前期的组织工作，让其创新的能力全部被激发出来。

（二）学生心理健康分析及体育疗法

1. 孤独型

部分高校学生有孤独心理并形成了怪癖，对其形成的原因深挖后发现，其往往较为复杂同时涉及较多层面。部分高校学生形成此种性格的原因可能是在家庭的生活或者社会的生活中碰到过较大的困难和挫折，也可能是受到了不公平待遇所导致，或者是因为具有先天性的生理缺陷，与常人不同，让其在心理层面产生了自卑感，同时在自尊心受挫后，没有较好的倾诉对象，在日积月累中造就了此种性格。对于此类学生，授课教师可以使用让学生集体活动的方式，例如，组织篮球比赛，或者让学生进行接力赛跑，或者组织拔河比赛等，让此类学生积极参与到相关的活动中，并且在老师和同学的帮助下，让其在较长时间的集体活动中，充分体验集体的温暖和游戏的乐趣，以此来对其集体的荣誉感进行增强，同时使其对集体的热爱不断增多，逐步改变孤僻的性格。

2. 优柔寡断、缺乏信心型

现阶段高校中较多学生呈现出优柔寡断的性格特点，并且在面对具有难度的事物时，缺乏自信心，这主要是受国内早期实施的独生子女计划的影响，大部分家庭都只有一个子女，学生都在较好的环境中成长，在操作能力和处理事物能力方面都有待提高。授课教师要对此类学生进行有效的心理引导，可以通过组织乒乓球或者羽毛球比赛等活动的方式，让学生融入相应的情景中，促使学生努力完成能够完成的任务，从而树立自信心，让其逐步养成果断的性格。

学生的心理素质培育是高校中素质教育的重要内容，此方面与体育教学的模式进行了有效融合，其主要的实施主体为体育教师，所以对于体育教师来说，往往对其要求也相对较高，其要具有心理教学和体育知识教学的双重能力，并对教学活动的开展进行全面的计划，对现实的教学活动进行严密的监察、测评以及反馈。课堂教学是学生汲取知识、培养能力的先导，课外活动是课堂教学的延伸，是学生综合能力自我完善的体现，学校行政职能部门必须加大对体育设施的投资力度，以满足体育教育和心理教育的需要。

第五节 高校体育田径教学中的体能训练

田径运动一方面可以提高人体的各项机能素质,另外一方面可以改善与优化身体内部系统,是一类非常有益处的健身项目,具有深远价值。伴随社会经济的发展,高校田径教学的边缘化趋势日益明显,解决高校田径教学存在的问题是一项重要任务。

一、高校体育田径教学中体能训练的重要性

在田径教学训练中,体能训练可以考察学生的身体机能,同时有助于其他项目的学习,在田径运动项目中,体能训练占据中心位置,体能训练考察的是学生的训练速度以及训练耐力,田径项目与其他运动项目相比,对学生的身体素养要求较高。对学生采取有针对性和预见性的训练,可以帮助学生塑造健康体形,学生从基础训练转向专项训练会更加轻松,对田径项目的专项锻炼水平有很好的提升作用,良好的体形对学生来说具有重要作用。

通常情况下,所有田径项目的体能锻炼都是通过专项训练完成的,学生为强身健体、稳定心神需要做好体能训练,逐渐提高身体素养。竞技体育在发展进步,竞技体育的相关竞赛准则会检验学生的身体机能,还会测试学生的心理素养。如果学生的身体素养较好,则有助于增加学生的心理储备能量,为提高学生心理素养,需要保证体能训练的科学性,还需要保证学生体能训练的有效性。教师要对学生各个阶段的体能训练功效进行考查,全面提升学生的田径成绩,获得预期的训练功效。

二、高校体育田径教学中体能训练的策略

(一)加强基础训练

在高校田径教学过程中,体育教师一方面要提高课堂效率,另外一方面要提高学生的身体素质,在教学前体育教师需要制订体能训练计划,保证体能训练计划的科学合理性,田径运动对学生的身体素质具有很强的考验性,所以学生在体能训练初期需要以基础训练为主,教师需要对学生强调初期训练注重腿部与腰部力量的训练,为训练学生耐力,教师可以让学生进行长跑、慢跑以及沙袋跑,教师要多引导多鼓励学生,逐渐加强体能训练,提升学生体能。

(二)加强式体能训练

在田径中期教学过程中,教师需要根据学生的实际身体素质来进行体能训

练，每个学生的身体素质以及体能训练承受情况不同，教师需要安排不同强度的加强式体能训练。对于体能基础比较好的学生，教师可以安排增加短跑训练、臂力训练、双肩训练等，可以有效增强学生的耐力，学生通过肌肉锻炼可以增强田径爆发力；对于体能基础较差的学生，教师可以让学生练习下蹲、扎马步等，保证学生处于缓和运动状态，逐渐增强学生的肌肉耐力。

（三）加强拓展式训练

高校田径教学训练中，学生训练体能时，教师可以安排不同运动项目，这样可以丰富学生的体育学习体验，学生在不同运动项目中可以训练身体的不同部位，使学生的体能素质得到全面提高，在田径教学后期，教师可让学生训练拓展项目，例如，可以让学生训练跨栏项目，可以锻炼学生不同部位的肌肉，使学生的田径运动能力不断提高。

（四）提高体能训练的时效性

我国的田径体能训练系统并不完善，处于发展阶段，需要完善体能训练系统，在基础体能训练阶段需要加大训练力度，选拔出能力较强的学生，对这些学生进行有针对性的训练，提高田径体能训练的实效性。田径体能训练在竞赛中可以见成效，因此，教师提升教学质量，构建完善的教学体系，都应该注重学生训练的时效性，在系统体制下帮助学生完成训练任务。

（五）促进教学模式多元化

在田径体育教学中，游戏与比赛不可或缺，可以有效激发学生的学习兴趣，体育游戏可以使体能训练内容更加丰富多彩，还可以有效提升教学质量，教师可以改变体能训练内容，将游戏融入教学中，促使学生积极主动学习。在体能训练中运用游戏模式，将学生分成若干小组，让学生追逐跑、接力跑，提高学生的灵敏度与速度，学会有兴趣地去做，不会产生疲惫感，从而提高体能训练的效率。

在高校体育教学中一方面需要加强专业理论知识教学，另外一方面需要加强学生的体能训练，这样可以有效促进学生的全面健康发展。在高校田径教学中为加强学生体能训练，可以采用游戏法与小组合作法，提高学生的肢体协调能力，提高学生的体能素质，促进学生田径水平的提高。

第六节　高校体育教学中体能训练的有效方式与注意事项

现阶段，我们在高校体育教学中融入了体能训练这一环节，相较于传统课堂，多了些许色彩，同时也带给了教师更多的备课压力。为了能够让学生更充分地了解体能训练的意义，教师在课下需花费更多的时间去研究体能训练的价值及方法，只有教师内心接受和认可了体能训练的作用，才能将自己的思想传递给学生，才能将体能训练科学地运用于课堂实践。目前，全国高校的教师大多能熟练地利用多媒体辅助教学，因此，教师可以通过制作动画、视频等手段细化课程讲解，帮助学生更好地掌握知识。在这一过程中，教师也可通过课下搜集资料和课上观察学生实际训练情况，以及课后总结等方法来提升自己的专业水平，为提高教学质量打下基础。

一、高校体育教学中体能训练的有效方式

高校体育教师在安排学生进行体能训练活动时，要在分析学生体能基础的情况下结合不同体育项目的特点采取相应的训练方法，在符合体育运动规律的前提下逐步提升学生的体能素质。

（一）耐力训练方式

在高校体育课堂中，耐力训练是体能训练的重要部分。纵观大多数体育竞技比赛，耐力好的运动员总是在比赛的最后一刻还能展现自己比较好的运动状态，所以，高校教师应该对耐力训练予以重视。以篮球运动为例，篮球运动是一项需消耗较多体能的运动，"攻"与"守"贯穿整场比赛，运动员在赛场上全身心都处于运动状态，而比赛的最后阶段往往是决定胜负的关键时刻，将对比赛成绩有直接的影响。在日常课堂上，教师可通过"往返跑""定点跑"的方式进行训练，在反复启动、急停、摆脱的练习中提高学生的反应速度和耐力水平。

（二）速度训练方式

通常，我们在高校体育课堂上常针对性地进行两种速度训练，一种是反应速度，另一种是运动速度。前者考验学生神经系统的反应快慢，同时体现学生的多项综合能力。在实际课堂上，可以多进行一些知觉训练、身体协调训练，如不同节奏练习哑铃、快跑慢跑不规则交替等。这些训练除了可使身体更协调、更敏捷外，还能增强学生的重量承受力，在肌肉的快慢交替运动中，增强肌肉组织的"运动记忆"。后者体现的是运动技术和身体素质的结合，课堂上可以

采取位移速度练习、加大难度练习,在多次练习中不断提升速度,就会有阶段性的效果。

(三)柔韧性训练方式

柔韧性与运动员的关节、肌肉和软组织等都有密切联系,只有在高校体育课堂的日常训练中经常进行柔韧性训练,才能防止学生造成运动损伤。高校体育课堂中常见的柔韧性训练有主动和被动训练两种。主动训练是指学生在自身力量的作用下减缓关节软骨造成的摩擦力,主动进行肌肉拉伸练习。被动训练是指借助外力或是在器械的辅助下进行的训练。实际操作时,应该综合主动与被动训练的优势,将两者有机结合,为每一位学生提供符合自身实际情况的阶段性训练内容。

(四)核心力量训练方式

在高校体育课堂的体能训练中加入核心力量训练,能够帮助学生提升身体的稳定性,进而控制好整个身体。在运动过程中,加、减速对肌肉的协调和收缩都有要求。除此之外,肌肉还需拥有较好的感知能力。而核心力量训练就满足这些训练要求,能够增强学生的关节灵活性和肌肉力量。需要注意的是,在进行核心力量训练时,要综合考虑学生的运动强度承受力,由简至繁、由易至难、由徒手至负重一步步推进。

核心力量训练的形式和内容多样,在预热准备阶段,有时甚至可以不使用器材,简单的肢体动作就可以满足很多身体部位的练习需要,在练习同时还可锻炼学生的心肺功能,减轻关节与肢体部位的负荷,有效预防运动损伤。在练习专项内容时,也可应用相关的核心力量训练,例如,在乒乓球专项练习中,可以用乒乓球把柄立球的方法锻炼学生的平衡能力和手臂肌肉。在经过一段时间由易到难的核心力量训练后,运动员的核心肌肉群力量将得到明显改善,做各种运动项目时会明显感觉轻松很多。此外,核心肌肉群的力量训练还具有很好的塑形功能,训练之后,学生的体形将越来越端正。

二、高校体育教学中体能训练的注意事项

(一)采取多元化的训练模式

高校体育教学中的体能训练主要是为了全面提升学生的身体素养,在具体教学中,要分析学生的喜好和个性,确保体能训练模式既能让他们乐意接受,又能将提升体能落到实处。这就需要教师在课前进行较多的准备工作,一是要

调查班级学生的身体状况、兴趣爱好、运动水平等，二是要储备多种适合的训练方案，确保训练内容的丰富性。我国高校体育课堂常见班内分小组和集体教学两种方式，但在实际教学中发现，学生更喜欢班内分小组的方式，这样能激发学生的竞争意识与合作精神，在小组学习的方式下，教师能灵活地调配学生进行分组练习，练习时间也可根据学生的训练效果而调整，有利于创建生动有趣又高效的体育课堂。

（二）体能训练价值意识的培养

指导学生正确选择体能模式非常重要，只有根据自身运动基础选取合适的体能训练方式并长期坚持，才能明显看到自己阶段性的进步。教师应该在课前详细讲解每一种训练模式，引导学生初步了解所训练项目的功效。除此之外，还应适当讲解体能训练文化，加强学生对学科的广泛认知，从而培养学生的体能训练价值意识，让学生感知体育学科的科学性和深厚内涵。

（三）"以人为本"，鼓励创新

高校体育教师在设计体能训练项目时，要将"以人为本"的思想贯穿始终，处处彰显人性化的理念。在这个信息开放的时代，教师要与时俱进，跟上时代潮流，学习并借鉴国内外广受高校学生欢迎的体能训练模式，让体能训练的乐趣充盈整个课堂。同时还要多听取和采纳学生的建议，鼓励学生开发思维，积极创新训练方式，多发现学生的闪光点，对学生的建议或训练效果以"鼓励式评价"为主，客观分析具体细节，帮助学生不断优化训练方式，形成自己的训练风格，从而让学生感受自己在学习过程中的主体地位，让学生感到自己不仅是知识的接受者，还可以通过发挥想象力成为知识的创造者，引导学生在学习的过程中养成勤思考的好习惯。这样不仅能激发学生的灵感，不断挖掘学生的潜能，还能让学生以一种主动探索和自觉改进的方式提升自身体能。而教师，则可以在学生自主创新的同时，让学生尝试将自己的专业特点和体能训练结合在一起，增强体能训练的娱乐性，让体能训练更贴近生活。

综上可知，体能训练在高校体育课堂中具有很重要的实用价值。教师在教学中要依据教学大纲创造性地进行教学，通过思想灌输和实际训练提升学生的体能素养，加深学生对体能训练价值的认识，为体育运动打下坚实的身体基础。教师在实践环节要注重与学生的平等地位，营造轻松和谐的教学氛围，引导学生发挥自己的智慧和才能，大胆表达自己对体能训练的看法，鼓励学生自主组织和创新，以实现教学质量的提升。

第七节　高校体育教学与训练中练习指导法的重要性

结合当前我国高校体育教学改革的实施，高校体育教学的目标需要以学生体育能力的培养为主，将基础体育知识的传授作为主要依据，全面提高学生的体育技能，让学生掌握全新的运动技巧，形成良好的运动思想。不断完善我国的体育教学体系，制订合理的体育教学目标，教师在进行课堂教学内容设计的过程中，需要注重实践性，采取适当的训练方法，其中练习指导法在全新的教学形式下得到了广泛应用，对提高我国高校学生的体育素养具有重要意义。

一、练习指导法的理论与实践

（一）练习指导法

所谓练习指导法，主要包含指导和学习两方面，指导是指教师通过语言指导、归纳要点和分解指导等多种形式，对教学过程中存在的错误内容进行纠正，对学生开展合适的体育训练，练习则是指学生在接受教师适当的教学指导之后，能够在训练过程中集中注意力，对教师布置的训练内容进行循环练习、变换练习，主动参与到相关运动的游戏和比赛中。同时教师还需要全面保障学生体育训练的安全，体育训练教学活动课的教学内容制订需要教师具备优良的语言教学能力和肢体表达能力，能够准确地将教学和训练的重难点传达给学生，运用全新的训练方法提高学生的实际操作能力，同时，学生需要仔细地聆听教师的指导，合理地进行训练内容制订和训练计划安排。

（二）差异分析

在我国高校的体育教学开展过程中，出现了理论知识和实际运动存在差异的问题，这些差异的产生主要是因为学生个体不同，体育训练教学不能采用一对一的教学方式，学生心理和生理素质的差异，造成了教学成果的差异，很多学生的体育知识学习能力不足，体育技能掌握不全，大大落后于一些具有高智商、高素质的学生，这些都是产生训练差异的原因，在进行统一体育动作的学习过程中，学生的学习进度也会不同，动作的完成度有高有低，因此，教师需要改变传统单一化的理论知识教学形式，通过适当的体育训练，为学生今后的体育运动奠定基础。

（三）处理方式

教师在体育训练中运用练习指导法，需要结合学生的实际情况，直接提供有针对性的训练内容，教师需要明确体育训练教学的重点不在于教师的知识传授，要以学生为主，帮助学生掌握体育动作要领，让学生能在训练过程中领悟到最佳的学习方式，以此来提高训练的有效性。学生的性格发展和生理发育有明显的差异。因此，教师在进行教学指导的过程中，需要充分了解学生身体和心理的变化规律，能够灵活地运用不同的教学方法来开展针对性训练，同时，学生在参与体育训练的过程中，常常会因身体和心理问题而产生厌烦、恐惧的心态，这就需要教师及时与学生进行沟通和交流，发现问题后采取循序渐进的指导方式，帮助学生树立运动自信心，让学生主动克服体育训练过程中存在的困难，提高体育训练教学质量。

二、高校体育训练中练习指导法的重要性

（一）提高学生的运动技能

在进行系统化教学时，需要帮助学生掌握基础运动技巧，通过反复的训练，提高学生的运动技能，巩固学生的整体运动机能，尤其是在教授一些高难度的体育项目时，传统的教学模式是通过教师的单一化指导，来让学生参与体育训练，这种教学的效果很不理想，一些女学生甚至无法完成教师布置的教学训练任务，通过练习指导法的教学应用，能够弥补传统教学的弊端，实现训练效率的提高。例如，在进行三级跳远体育运动的教学过程中，学生需要在准备过程中掌握跑、跳、拉伸等基础动作要领，教师通过开展系统化的体育训练，来全面提高个体的训练成绩，结合学生的实际身体素质安排有针对性的训练内容，通过整合训练来优化学生的运动机能。

（二）增强学生的运动体质

体育训练教学，需要将提高学生的身体素质和心理素质作为主要的培养目标，结合实际训练环境来制订一个长期稳定的教学方案，注重学生的心理建设和身体素质培养，相关教学数据显示，练习指导法在体育训练中的应用效果存在着明显差异，教师需要制订出合理的训练计划，来激发学生的体育热情，使其主动参与到体育训练中，明确体育训练的重要意义。

（三）调动学生的运动积极性

教师在体育训练教学开展过程中，需要激发学生的运动兴趣，随着我国信息技术的广泛应用和信息产品的不断发展，很多学生将自己的课余时间用在了电子游戏上，很少关注体育训练，不喜欢运动，高校学生的整体身体素质显著

下降，从而影响了生理和心理的健康发育。基于此，学校需要制订出行之有效的运动方案，调动学生对体育训练的积极性，通过网络、报刊等多种形式，向学生宣传体育训练的重要性，引发学生积极思考，采取合理的教学措施来拓展体育项目，培养学生对体育训练的兴趣，不再给学生带来体育压力，而是实行课时制和学分考核制，变传统的被动学习为主动训练，营造一种轻松的体育训练氛围。

三、练习指导法的实施方案

（一）针对性的体育训练

教师在进行体育训练教学时，需要结合学生的实际运动情况来适当地增加运动量，满足训练要求，开展具有针对性的训练，严格把控每个学生的训练状态，练习指导法在训练过程中的应用，能够有效加深教师对学生的理解和认知，从而帮助学生更好地控制自己的身心发展，调整心率，轻松地完成多项体育训练任务，教师还要为每一个学生个体提供合适的训练方式，布置合理的训练任务，在经过一段时间的教学后，学生的身体素养有所提高，再结合学生的情况变化来进行适当的训练调整，采用循序渐进的教学形式来促进学生整体运动能力的提升。

（二）多样化的教学形式

教师的教学开展需要结合学生的实际情况，对体育训练的重难点进行完整示范，采用正常的速度和放慢的速度来分别进行教学，结合我国在高校中所推行的新体育运动教材内容，教师需要通过正确的动作示范来让学生初步了解教材的整体结构，然后再结合教学的主要内容进行分解、示范，让学生了解每一个动作的基本要领和运动需求。同时，教师可以借助多媒体等教具来对学生进行直观的动作示范，弥补实际教学过程中存在的不足，教师还可以通过模仿学生的错误动作，来加深学生的印象，创造一个良好的教学环境。

综上所述，为了更好地促进高校体育教学模式改革，需要更新传统的教学形式，运用合理的教学方法来激发学生的运动兴趣，营造良好的教学氛围。练习指导法在体育训练中的应用，能够在帮助学生有效完成教学任务的同时，提高学生的体育素养，增强学生体质，帮助学生掌握良好的运动技能。教师应适当增加运动量，以达到体育训练的根本目的，结合有趣的教学实践，来激发学生对体育训练的兴趣，增强高校体育训练的效果，为社会培养出综合型应用人才。

第八节　体育训练对提高大学生体质健康水平的影响

目前，我国大部分高校对学生的体育训练的重视程度不足，导致大部分大学生的体质健康不达标，甚至抵抗力极差。因此，高校及相关教育部门要加强对大学生在体育方面的训练，不断完善及丰富他们的体育锻炼课程，使高校大学生的知识面得到拓宽的同时，体质能够达标。体育教师要改变传统的体育教学模式，运用科学、有效的体育教学方法，激发学生对体育运动的兴趣，从而培养他们的体育训练意识，让学生能够全身心地参与到体育课程训练中，从而不断增强他们的体质。

一、我国大学生体质水平现状及存在的问题

（一）大学生体质水平现状

目前我国大学生的身体健康状况不容乐观。首先，体形达标的学生较少，大部分学生都是体形过胖或者过瘦，很多大学生由于学业压力较小，且生活不规律，导致其体重严重超标。其次，根据学校的体检结果，大部分高校大学生的肺活量不达标，究其原因，与其平时缺乏锻炼有很大的关系。目前大学生的身体状况令人担忧，各项指标呈逐渐下降的趋势，强化对大学生身体健康方面的训练是高校的一项重大任务。长期以来我国政府以及教育相关部门都十分注重对大学生体质的强化，然而由于大学生的体质水平存在较大差异且衡量标准具有不确定性，在检验学生的体质健康方面存在很大问题。

（二）存在的问题

不同时期的大学生在体质方面所出现的问题也不尽相同，大部分高校长期以来都使用较为单一的检测标准来检验学生的体质健康状况，导致在检测的过程中存在很多不足之处。近年来大学生的身体健康状况呈现出恶化趋势，大部分大学生由于缺乏锻炼，且生活不规律，都面临着肥胖问题。肥胖是导致大学生身体不健康的重要因素之一。目前我国高校大学生在体质健康方面存在着一系列问题，究其原因主要体现在以下几方面。

1. 高校对学生体质健康的检测方法不具备科学性

目前，尽管我国政府及教育相关部门已提高了对学生体质方面的重视程度，然而教育相关部门对大学生体质健康的各项要求不断更新，导致不同地区的高校往往由于对学生体质健康的检测方法没有与时俱进，使得各高校在实施体育

训练方面存在较大差异。因此，相关教育部门要充分注重对学生体质检测方法的完善。此外，不同季节对学生的体质进行检测，其结果也不尽相同。因此，教育相关部门应制订统一标准，在统一时间段内，对学生进行体质检测。

2. 检测形式不严谨，导致检测结果不精确

目前我国大部分高校对学生体质的检测采取的是集中测试的形式，总的来说具有相对的限制性。首先，集中测试的流程较为固定，在测试的过程中存在着较多的不确定性因素，会使学生的测试结果受到很大的影响。其次，当前我国高校对学生体质的检测环节，由于缺乏公平公正性，使得大学生的体质检测往往只是一种形式，而没有实质的意义。部分高校为了使学生的体质健康体检结果达标，放宽了对学生的检测要求。很多教师为了完成相关的教学目标，而在对学生体质进行检测的环节中过于宽限，使得很多学生出现虽然体育水平测试达标，但实际体质却不达标的情况。这一系列因素使得大学生在体质健康检测方面的检测结果不精确，换句话说，就是目前大学生体质健康水平方面的检测结果不能真实反映出目前我国高校大学生的实际健康水平情况。

3. 政府及相关部门的体育意识淡薄

在过去，为了使我国成为体育强国，政府及相关部门十分注重对国民体育素质的提升。然而现在由于过度注重经济发展，导致我国政府和国家教育部门对学生的体质的重视程度大大降低，使得各高校对学生的体育训练不足，严重阻碍了学生体质水平的提高。政府作为公共事业的主导者，应当明确意识到自己的职责，强化对各高校大学生体育水平的提升。然而目前我国政府对高校大学生体育训练方面的重视程度不够，且在系统化方面的意识淡薄。目前我国政府的相关管理部门，对体育教育方面的工作具有重复性，导致政府相关部门在发展教育事业的时候没有较好地履行其职责。由于政府相关部门体育意识的缺失，使得大部分高校在教育方面资源不足且存在很多弊端。政府相关部门的体育意识不足使得高校学生在体育训练方面没有得到有力的支持，高校的体育教育模式过于单一，没有与时俱进的观念，导致很多学生在体育训练时缺乏专业性。此外，体育资源方面也存在较多不足，使得大学生在参与体育训练的过程中无法被激发起较大的兴趣。

4. 高校注重对学生理论知识的教授，忽略体育方面的训练

目前我国大部分高校过于注重对大学生专业理论方面的培养，而忽视了对其体质健康方面的培养，导致大学生在体育健康方面难以得到发展。此外，由于大学生在大学期间的时间较为宽裕自由，教师对学生的监管力度也不够，使

得学生的体育教育训练不足。大学生从较为紧张的高中学习步入轻松自由的大学环境中生活，自我控制意识不强，阻碍了其体育体质健康方面的发展。

5. 学生在学业成绩方面花费大量时间而忽视了体育训练

当下，很多大学生由于过度注重学业成绩，将几乎所有的时间都花费在专业知识的学习与复习上，大大减少了他们在体育锻炼方面的时间。很多学生认为，学业成绩是决定他们今后出路的唯一标准，而不重视自身的身体健康。很多学生在上体育课时也是草草应付了事，教师也常常睁一只眼闭一只眼，导致学生在上体育课时没有将精力集中在体育训练上。长此以往，导致学生出现了肥胖等问题，严重阻碍了其体质健康方面的发展。

6. 体育教师的教学模式过于单一且枯燥，无法激发学生的训练兴趣

首先，目前大多数高校的体育教师沿用较为传统的体育教学模式，其教学模式单一且枯燥，在操场上训练，学生要么跑步，要么做仰卧起坐、引体向上等体育训练，教学内容已无法再激起学生的兴趣。其次，很多体育教师为了完成教育部门规定的教学目标，几乎每节体育课都给学生进行反反复复的测验。长此以往，使得学生厌烦这种教学模式。大部分学生在开展体育教学活动的过程中充分意识到体育教学只是一种表面上的教学形式，不具备任何实质意义，而逐渐丧失了对体育训练的兴趣。

二、强化大学生体育训练的策略

（一）高校在注重学生理论知识学习的同时重视强化对学生的体育训练

首先，学校要转变传统的以理论知识为主，体育教学为辅的教学观念。在实施体育教学的过程中，要提高对学生健康理念方面的重视程度，科学引导大学生树立正确的体育教学观念，在教授学生理论知识的同时提升学生的体育综合素质。其次，学校在提升学生身体素质的过程中要起到积极的引导作用，引导体育教师加强对体质健康的关注，体育教师要深刻意识到大学生的体质健康的重要性，积极引导大学生从内心感受到体育在他们的身体健康方面产生的重大影响。最后，各大高校要结合学生的实际情况，构建多元化的体育教学模式，为学生树立健康教育理念。鼓励体育教师在开展体育教学活动的过程中与时俱进，不断更新体育教学理念。合理利用教学资源对学生开展体育教学，形成良好的教学氛围。

（二）教师要转变传统的单一的教学模式，运用新的教学方法激发学生的兴趣

教师要转变传统的体育教学模式，运用较为新颖的、学生感兴趣的教学内容开展教学。教师要改变过去在体育课上反复让学生进行测验的教学形式，在体育教学中多组织学生参加一些有趣的教学活动，激发学生积极参与到体育活动中的兴趣，从而提升他们的身体素质。例如，体育教师可以在体育课上组织篮球、排球等比赛，鼓励每位学生积极参与到比赛中，充分调动他们对体育训练的积极性，增强他们的体质。

（三）政府要提高体育健康意识，发挥主导效用

政府作为教育的主导部门，应该具备一定的体育健康意识。首先，政府要充分明确自身的职责，大力推动学校以及相关教育部门开展多元化的体育教学，引导学生积极参加体育活动。其次，政府要起到积极作用，引导高校不断完善其教育体制，为学生构建更加科学规范的体育教学系统。政府要制订相应的规范性准则，让学生能够在统一的时间、地点进行体质检测，以防止学生在不同环境下的测试结果存在较大差异。与此同时，政府要将学生的体质检测作为一个考核的体系，以确保大学生的体质教育能够得到很好的落实。最后，政府要在资源方面不断进行优化，加大对大学生体质健康检测的支持力度，加大在经费、人才配备、体育设施等方面的投入，鼓励社会各界广泛重视对大学生体质健康的培养，不断强化人才配备，组建人才队伍，为国家培育出更多高体育素质的人才。

（四）高校要构建规范化的管理平台

很长时间以来，我国针对高校大学生体质健康方面的管理较不规范。要结合大数据时代的背景，为学生提供一个较为完善的体质健康管理教育平台，平台的建立应由政府主导，将每个高校作为个体进行规范化管理。平台包括学校管理、学生个人管理以及体育方面的体测数据管理等模块，以政府为主导，以学校为核心，每一个高校都有独立的区账号。定期检测学生的体育素质，并将测量数据录入系统中，一段时间后将各个时期内的数据进行整合，对比分析，运用计算机测算出一个较为综合的值，作为学生最终的身体素质考核成绩。这样既做到了公平公正，也能更准确地体现出学生的体育综合素质水平。

（五）学生在注重学业成绩的同时，要重视对自身体质的强化

目前，大部分高校大学生只注重学业成绩，而忽视了对自身身体素质的强

化。因此，学生要充分转变这种意识，真正意识到体育训练的重要性。体育训练不仅直接关系到学生的期末体育检测成绩，还关系到他们的身体健康。学生要充分意识到，只有拥有好的身体素质，在今后的就业中才能将更多的精力投入工作中；只有具备健康的身体，才能更好地服务于社会，成为社会需要的高体育素质型人才。

综上所述，目前我国各高校在大学生体育方面的训练力度还远远不够，很多大学生由于大学生活受到的管束较少、学校以及体育教师对学生身体素质的重视程度不高，导致身体素质每况愈下。因此，在实际的教学过程中，学校要在注重对学生理论知识的教授的同时，关注对学生体育素质方面的训练。体育教师要转变传统的教学模式，运用新颖的、能够激发学生的兴趣的教学方法培养学生的体育训练意识，从而不断提高他们的综合素质，为国家培养出更多高素质的德智体全面发展的人才。

第九节 高校课余体育训练教学改革与可持续发展

体育教学有利于促进学生综合素质的提升，是现代教育的一个重要维度。然而就目前的教育情况来看，仍没有达到预期的教学效果。受各种因素的影响，课余体育训练一直以来都没有受到应有的重视，同时由于训练条件以及相关保障机制的限制，我国高校的体育课余训练水平较低。很多高校在开展体育课余训练的时候经常会出现体育竞技水平较低、体育人才匮乏等问题，其中还有很多大学生身体素质较差，适应环境以及抗压能力较弱，这些因素都在很大程度上阻碍了体育课余训练的正常开展。我们必须对此予以高度重视，不断进行教育探索和总结，最终推动高校课余体育训练的健康发展。

一、我国高校课余体育训练目前存在的问题

（一）没有对课余体育训练形成正确的认识

大部分高校目前都没有对课余体育训练形成正确的认识，盲目跟随国家的各个指导性文件，因此虽然当下课余体育训练开展得十分激烈，但并没有获得良好的教学效果。在这样的环境下开展课余体育训练，往往存在很大的盲目性，甚至有些高等院校并非体育专业院校，但是为了完成上级的任务，体育课余训练仅仅流于形式。除此之外，很多高校受经费的限制，没有足够的资金投入体育训练场地以及设施的建设中。还有部分高校受社会就业问题的影响，往往只

关注专业课程的教学，而忽略了体育课余训练。以上这些因素都使体育课余训练的顺利开展受到了严重阻碍。

（二）师资力量较为薄弱

体育课余训练的教练在体育课余训练活动中充当着一个十分重要的角色，是整个活动的主要引导者，但是就目前的情况来看，很多教练缺乏专业的知识储备，在安排训练内容的时候，没有考虑学生的具体情况，只是将关注点放在训练水平或者比赛成绩上。很多高校当前甚至没有安排专业的课余体育训练教练，而是选派体育教师来兼管这份工作。很多体育教师由于在早操以及体育课上耗费了大量精力，所以没有充沛的精力组织学生进行体育课余训练，还有一部分体育教师经验不足，难以有针对性地实施有效的体育训练。

（三）体育课余训练和文化课教学的冲突

受应试教育的长期影响，我国一直以来都对文化课十分重视，很多高校目前仍然重视文化课而忽视学生的体育训练，认为应该将时间都用在社会紧缺型人才的培养上，而体育课余训练需要耗费大量的精力和时间，这就导致很多想要从事体育行业、热爱体育的学生失去了追求理想的机会，这也造成了一定的人才流失。

（四）缺乏专业完善的体育课余训练设施

高校通常将教育经费用于科研和教育事业上，而鲜少对体育课余训练项目投资。体育课余训练活动的开展需要建立在专业、完善的设施基础上。目前很多高校的体育活动场地有限，无法安置足够的体育活动器材，导致很多高校都难以开展有效的体育课余训练活动。

二、高校体育课余训练的可持续发展策略

（一）正确认识课余体育训练

高校体育教学的一个重要组成部分就是课余体育训练。因此，各个高校的领导以及教师要充分认识到体育课余训练的重要性，同时要对体育课余训练的指导思想进行深入、正确的解读，对体育教育要予以高度重视，对训练的基础不断地进行夯实，将体育课余教学纳入高校教育体系中。体育教育并不是单纯的课堂教学，教练要对有体育特长的学生的潜能进行深入挖掘，同时对这些学生进行重点培养，不断强化体育课余训练。

（二）加强师资队伍建设

高校要以发展的眼光看待问题，组织体育教师进行定期的培训，鼓励体育教师进行学习深造，加强教师之间的交流，使体育教师可以学习其他教师或学校科学先进的教学方法，促使自身教育水平不断提升，并能对相关的理论进行灵活运用，进而实现由兼任教师向专业的高素质教练的转化。体育教师在教学过程中，要对训练的方法和模式进行不断的改进和创新，打造独特的校园体育文化，吸引更多的学生加入，同时还要对本校的特色体育项目进行发展和创新，不断丰富体育教学的形式和内容。例如，厦门大学独特的"体育超市"项目，厦门大学创办的"体育超市"活动吸引了很多学生的目光，使整个校园兴起体育运动之风，在对篮球、足球等传统体育运动项目继承的基础之上，开设了越野和攀岩等项目，学生可以根据自身的兴趣爱好进行选择。同时也做好了各种防护措施，实现了传统体育与现代运动的一体化发展，既锻炼了学生的身体素质，又调动了学生的积极性，推动了学生身心的全面发展。

（三）增加对体育课余训练相关项目的投资

特色校园体育项目的建设需要完善和专业的设施、场地作为支撑，这也是体育课余训练开展的基础条件。高校应增加对体育课余训练的投资，如开设攀岩项目需要建立专业的活动基地，提高排球以及篮球场的使用效率，同时还要保证夜间的灯光。同时，还可以对文化课的教学方式进行模仿，在体育课余训练的教学活动中推行导师制，对不同的项目进行分类并成立社团，任用专业的教师定期驻守，指导学生相关的活动，包括安排日常活动，训练学生相关的运动技能，对学生进行运动安全指导等。还可以开放校运动会的选拔，选出有特长的学生参加校运动会，这样一来，更多的学生就能在教师的专业指导下进行体育训练，同时也提高了学生体育训练的参与度。高校还可以对本校的资源进行开发，建立有本校特色的体育竞技项目，进而形成粉丝效应，吸引更多的学生参与进来，激发学生对体育课余训练的热情和兴趣。

（四）创新评价体系，促进体育课余训练成效的提升

创新评价体系能够有效促进体育课余训练效率的提升。教师在对学生的体育能力进行评价的时候，不能只将考试成绩作为评价的唯一标准，而应对学生的全面发展予以高度重视，重视学生的个性化发展。传统的评价学生体育能力的方式过于片面，因此要对考核评价的方式进行不断的健全和完善，评价标准要尽可能全面，将学生综合素质的培养作为教学的宗旨，对学生任务的完成情

况以及训练效果进行重点考察。

总而言之，高校体育课余训练要想走可持续发展之路，就要对教学内容和模式进行不断的创新和改进，加强师资队伍建设，加大对相关设施设备的投入力度，同时还要对评价体系进行创新，进而从整体上提升体育课余训练的效率，为学生的学习和发展创造良好的条件，最终推动学生的全面发展。

第十节 大学生体育训练改革的重要趋势

大学生体育训练改革工作对于优化大学生体育训练过程、提升大学生体育训练成效具有重要作用，高校需要针对大学生体育训练中训练指导员队伍、训练管理机制、不同组织机构职能的发挥以及训练模式的革新等内容，对大学生体育训练工作做出有针对性的改革。本节围绕大学生体育训练改革的发展趋势，对大学生体育训练工作中指导员培训水平的提升、学训体系与激励制度的完善、体育协会功能的发挥以及大学生体育训练与高校体育俱乐部的一体化发展做出了研究与探讨。

大学生体育训练工作的开展，对于提升大学生的身体素质、推动大学生的全面发展具有重要意义。随着时代和高等教育的发展，大学生体育训练工作也面临着越来越高的要求，因此，开展大学生体育训练改革工作，推动大学生体育训练与时代发展要求以及学生需求实现良好的对接，对于提升大学生体育训练成效具有重要的现实意义。

一、提升训练指导员培训水平

在大学生体育训练改革发展的过程中，训练指导员专业素养、指导能力的提升是开展改革工作的关键。训练指导员在大学生体育训练过程中发挥着主导作用，而考虑到大学生体育训练的特殊性，训练指导员不仅要具备全面的竞技体育知识与能力，而且要对休闲体育、娱乐体育、健身体育以及体育训练和地方特色文化的结合等有一定的了解。与此同时，高校体育训练指导员队伍的建设工作不仅要重视体育训练指导员数量的增加，而且要重视体育训练指导员水平的提升，为此，针对体育训练指导员在专业素养以及指导能力方面的不足开展有针对性的培训工作，是大学生体育训练改革发展中重要的一环。在此方面，高校需要构建起完善的体育训练指导员培训机制，丰富体育训练指导员的培训形式，使用在职进修、脱岗培训等多元化的手段，推动体育训练指导员教学能力的提升，从而为大学生体育训练成效的提升奠定良好的基础。

二、完善学训体系与激励制度

在高校体育训练工作中，大学生不仅要积极参与体育训练，而且要平衡体育训练与专业课程之间的关系，从而在掌握扎实的文化课知识的基础上实现自身的全面发展。为了推动大学生体育训练成效的提升，高校可以对专业课程设置做出优化，即通过减免一些和学生专业欠缺紧密联系的课程、对积极参与体育训练并取得良好体育训练成绩的学生给予学分奖励等方式，促使学生在处理好体育训练与专业课程的关系的基础上具备更高的体育训练参与积极性。与此同时，在大学生体育训练过程中，高校应重视激励机制的建立与完善。一方面，高校在建立激励机制的过程中，要充分考虑学生需求，通过实现激励机制落脚点与学生需求的对接，提升激励机制在贯彻过程中的成效，发挥激励机制在提升学生体育训练参与积极性方面的作用；另一方面，高校要引导学生对激励机制内容形成正确认知，使学生了解到参与体育训练同样是推动自身全面发展以及提升自身就业竞争力的重要手段之一。

三、发挥体育协会功能

大学生体育协会在推动大学生体育训练改革以及提升大学生体育训练成效方面具有不容忽视的作用。从大学生体育协会发展现状来看，较强的行政依附性以及较差的机构独立性等都对大学生体育协会作用的充分发挥具有较大的制约作用，因此，为了确保体育协会在大学生体育训练改革中充分发挥自身的功能，高校有必要通过调整体育协会的组织结构体系和管理规章制度，强化体育协会的自主权。另外，在体育协会发挥自身功能的过程中，需要构建起一套完善的大学生体育竞赛与联赛机制，丰富大学生体育训练成果的展现形式，针对不同体育训练项目运用趣味运动会、全员运动会等方式，活跃大学生开展体育训练的氛围，提升大学生参与体育训练的积极性，从而为大学生体育训练改革的可持续发展以及大学生体育训练成效的提升奠定良好的基础。

四、推动体育训练与体育俱乐部一体化发展

在大学生体育训练过程中，不仅可以以班级、校体育队为单位，也可以以体育俱乐部为单位。在推动体育训练与体育俱乐部一体化发展的过程中，高校可以将班级、校体育队的训练对象、训练资源整合到体育俱乐部中，通过实现资源共享共建、充分发挥体育俱乐部管理优势，推动大学生体育训练成效的提升。与此同时，在推动体育训练与体育俱乐部一体化发展的过程中，高校可以

经常举办体育比赛,利用以赛促训的方式,为大学生提供更多展现自身体育训练成果以及丰富体育比赛经验的机会,从而更好地提升大学生体育竞技水平以及体育训练成效。另外,高校在利用俱乐部模式开展体育训练管理工作的过程中,要对专业体育俱乐部中的管理体系、训练体系做出借鉴,并通过完善大学生体育训练配套设施,为俱乐部的管理体系、训练体系的落实提供物质保障,从而确保俱乐部模式能够在大学生体育训练中体现出自身的价值、展现出自身的优势、发挥出自身的作用。

综上所述,提升大学生体育训练指导员培训水平、完善大学生体育训练管理机制、发挥高校组织机构在大学生体育训练成效提升中的作用以及创新大学生体育训练模式等,都是大学生体育训练改革发展中的重要趋势,因此,高校要在大学生体育训练改革中体现出前瞻性,通过有针对性地开展相关工作,为大学生体育训练的可持续发展奠定良好基础。

第二章 大学生体育训练模式

第一节 高校体育训练新模式

随着我国教育的不断发展,我国的教育改革也在持续进行中,大学是教育的最高学府,也是国家人才的重要培养基地,因此对于高校的课程改革需要认真对待。体育作为学生增强体质的健身课程,对学生的健康发展具有十分重要的作用,体育教学不应再采用传统教学模式,在新时代的背景下,我们要努力创造适合教学的新模式,体育课程的主要内容就是进行体育项目的训练,所以探究创建新的训练模式才能促进体育在未来的发展。

一、优化体育教学模式

体育是一项参与性的活动,素质教育离不开体育教学的参与,体育教学是素质教育的基本内容,学校只有让它和思想道德、科学文化、劳动技能等形成有机的统一体,才能体现素质教育的教学宗旨。就体育教学而言,优化体育教学模式,就是使体育教学重视培养学生对体育的兴趣,让学生了解体育的功能以及体育在人才成长发展和自我完善中的重要性和必要性;使学生确立科学的学习目标和良好的学习动机,端正学习态度,从而养成自觉锻炼身体的习惯;促使学生根据自己的实际情况,贯彻全民健身纲要,利用在校时间学会一两种终身体育锻炼方法,树立终身体育锻炼意识,让体育训练真正起到增强体质,促进学习的作用。俗话说,兴趣是一个人的学习动力来源,有了学习的兴趣,那么在进行学习时就不容易感到疲累,进而处于高效率的状态,做事情也就很顺利,然而兴趣不是天生的,是要靠人们的后期培养产生的,正是因为这样我们更应该做到身先士卒,在进行体育体质锻炼时培养学生的运动兴趣,这样看似与体质的改变无关,但当学生有了锻炼的热情之后,他们的体质会不由自主地受到影响。既要在教学模式上做出改变，也要对学生进行思想教育，这样的话既可以保证学生能真正进行体育锻炼，同时也可以从思想上培养学生锻炼的意识，学生会在未来的学习道路上将其作为缓解压力的手段，真正发挥体育的功能。不要抱着守旧落后的教育理念不放，只有大胆革新才能培养出更加健康的人才。

很多体育教师都不关注体育训练的娱乐性，在体育课上总是强迫学生训练，对于课上的体育训练了解得也不够全面，认为体育训练无非就是加强体能训练，平时练习长跑，做好体能训练。在这种训练模式下有的学生认为体育训练对体育课并没有多大作用，自己平时注意锻炼身体就可以达到提高自身体能的效果。总而言之，学生对体育课的认识还很片面，对总体缺乏有效认知。体育教师要引导学生发挥主观能动性，去了解各个专业所需要的身体素质和能力，了解实用性体育对自身的帮助，掌握科学的体育训练方式，才能最终将体育精神传承下去。

二、运动训练分析

提高学生的思想道德素质是全面推进素质教育的一个主要方式，对于体育竞技而言，更是如此。高尚的思想道德品质对于体育技能的学习是一种动力，有助于营造良好的学习氛围。在体育运动中，学生不仅可以加强道德学习，也能学习一些技术与战略。因此，在体育教学中要渗透思想教育，以便体现体育教学的特色，培养学生在成长中需要的坚韧品质。关于体育教学的研究有很多，对学生进行体育教学的目的也渐渐形成一种定势，即全面提高学生的身体素质。但在体育教学思想的认知上，不应再将其放在公共体育范畴之内，并仅进行一般性考察而不进行专门研究，应把体育教学作为一门重要的学科，让健康体育得到高度重视，将体育教学的特色建立在健康的基础上。当代许多大学生都缺乏日常体育运动锻炼的自觉性，对自身身体素质的管理也没有科学的理论知识的指导，在这种情况下，大学体育课程的设置应以一种看似强制性的教育行为潜移默化地引导学生加强日常锻炼、促进身体机能的活化，在此过程中可以使一部分学生爱上体育锻炼并逐渐养成日常锻炼的好习惯。在日常的体育课程教学中，教师根据学生所选择的运动项目对其进行专项化训练，引导学生做好运动前的热身活动，进行专项体能训练、肌肉拉伸活动等教学活动，一个学期每周的体育课程学习下来，学生的身体素质在一定程度上得到了提高，这是大学体育课程设置的本质体现。对于高校体育训练的改革，一方面，教学内容是教学目标得以实现的载体，在不断适应现代社会发展需要的过程中，教学目标在不断优化。另一方面，教学目标决定着教学内容的选择。教学内容要根据教学目标和教学任务来确定，这充分体现了体育教材的针对性和时效性。在课程改革中，教育部对学校的体育课程进行了细致补充，增加了部分体育项目，明确了体育课程作为大学公共课程的重要性。这样既保证了学生在体育课上的训练热情，也对高校体育的教学提出了新的要求和标准，只有在符合社会需求的教学中才能将高校体育发展得更好。

三、体育训练新模式

第一，教学内容纵向延伸。目前来看，体育教学除个人体质的提升之外，还要注重让学生掌握专业锻炼技能。例如，通过体育专业性、针对性的练习来提高学生的身体素质，并侧重某一方面的训练，如注意力、集中力、专注力等，这在日后的职业工作中会产生极好的耐力，更有助于学生提高以后在岗位上的专业能力，从而更好地适应工作需要。第二，教学内容学科跨越。高校体育课程设置应该与专业形成内在联系，而不能与其他专业类似单纯地强调集体锻炼、素质提升，应该形成"运动+专业"的组合形式，设立以人类基本活动为中心的综合性课程，让学生可以了解不同运动对未来工作的益处。

在体育训练新模式中，教师应做到以下几点。

（一）多说一些鼓励夸赞学生的话语

大学生也有爱玩的心理，而且他们争强好胜，都想成为最好的，都想成为让教师刮目相看的好学生，所以学生会尽自己最大的努力把一些事情做到最好，做到极致，然后希望能得到教师的夸赞。然而，如果他们没有接收到教师喜欢他们或者欣赏他们的信息，他们就会产生强烈的挫败感，进而会失去自信心，然后对周围的一切感到畏惧，不敢去尝试，不敢去做自己喜欢的事情，所以，教师要时不时地多说几句夸赞学生的话，这也就相当于在培养学生的自信心。学生有自信后，会尽情地绽放自己、锻炼自己。

（二）根据每个学生的特点，鼓励学生去做适合自己的运动

我们都知道，现在的社会有一些人云亦云的趋势，人们都喜欢随大流，即使是自己不喜欢的东西，如果好多人都喜欢，也可能会降低自己的底线，去试着喜欢。然而这就没有意义了，一个不适合自己的东西，再怎么将就也不会属于自己，不会有自己的特色。而且，现在学生的好胜心较强，都想成为同龄伙伴中的焦点，如果有一个人不去接近这个群体，就会显得不合群，也许会被其他学生孤立，这不仅对学生未来的发展没有帮助，而且会在一定程度上对学生

造成伤害。所以,在体育教学中教师应该根据每个学生的特点,激励他们去做适合自己的运动。这样每个学生都可以在体育课堂上展示自己的强项,有助于学生自信心的建立,进而会对学生的体育锻炼产生帮助。

(三)利用奖罚制度促使学生做好体育锻炼

学生在体育课堂上一次良好的表现应该获得教师的夸赞和表扬。教师对学生的一句肯定的话语,就会在学生心中荡起一阵阵涟漪。学生也许会在心中这样想,今天老师夸我了,我很开心,下次我一定要做得更好,相信自己,我是最棒的。这种教育方式是比较有效的,比较人性化,既不会打击学生,也能对促进教师与学生之间的关系有所帮助。采取奖励制度去激励学生,有益于学生积极性的提高。当然有了奖励制度,也要有惩罚制度。然而这种惩罚不同于体罚,而是用一种比较轻松愉快的语气,去指出学生所犯的错误,或者做得不太理想的地方,然后指导学生去改正。学生面对这种情况,会在心中激起自己的斗志,然后不断地鞭策自己,争取做到最好。

(四)在布置课堂训练任务时激励学生

在体育课堂上,教师在给学生布置任务时,一般不要用命令的语气,因为这样容易激起学生的叛逆心理,学生不易与教师配合,而且如果是比较复杂的任务,学生完成起来也就会很吃力,如果教师采用强制的语气和严厉的手段,势必会打击学生的自尊心,学生的积极性也会下降。所以给学生营造一种比较轻松的氛围非常重要。教师可以用朋友的口吻问:"今天的知识有些难,大家都学会了吗?大家都掌握了吗?"这样不仅会让学生很乐意去完成任务,还可以让那些完成这项任务很困难的学生去和其他同学交流,进而成功地完成这项任务。可见,激励的语气在教学中发挥了很重要的作用。

高校体育教师要在教学实践过程中,加强对体育课程的研究,结合经验所得,有针对性地对学生进行体育能力教育,满足学生发展的需要。要结合《体育与健康课程标准》的目标体系,将提高学生身体素质,进行高校体育教育创新,改革教育课程,全面贯彻落实"以人为本"观念作为重中之重。全面树立学生对实用型体育的正确认识,努力培养学生胜任社会工作的能力。开创新的体育教学模式对于我国大学生的发展来说是一个重要保证,在社会改革的大背景下,我国高校的体育训练也需要进行改革,传统的训练方式不再符合当代教育的发展理念,也无法满足学生对于体育运动的需求,这就要求高校体育教师在课前制订训练计划时,做好新的教学方案,努力调动学生的学习热情,尽可能地帮助学生消除对运动训练的反感,这样才能提高学生的训练水平，提升教师的教学质量。

随着教育的不断改革，教育部门越来越重视学生的综合素质，所以体育教学也越来越被重视。想要让大学生对体育产生兴趣，让体育教师的课堂效率提高，应采用激励的教育方式教导学生。因为在现在这个年代，学生一般更喜欢表扬。如果体育教师想和学生有良好的师生关系，太严厉不会达到那样的效果，所以用比较缓和的语气比较好，这样会达到事半功倍的效果。激励学生，不仅会让学生对体育这门学科产生深厚的兴趣，还会增强学生的自信，对学生未来的发展也会有深远的影响。

第二节　高校体育教学引入拓展训练模式

所谓拓展训练，又被称为拓展运动、外展训练，在英文翻译中，它的意思是说，一叶扁舟开始离开安宁的港湾，行驶于未知的海域，不断接受前所未有的挑战。在"二战"时期，人们发现在海军作战中，能够在一次又一次战斗中活下来的永远是具有丰富生存技能而并非拥有精湛游泳技术的人，也正因为如此，有人开始利用自然条件辅助人工设施来训练海员，逐渐在其中应用多门学科理论，并取得了十分理想的训练效果。而在近些年来，拓展训练模式不断应用于高校课程中，尤其是体育课程。

一、应用拓展训练模式的意义

（一）培养高校学生强大的心理素质

心理学家认为，人在受到一定的打击后所展现出来的自我修复与自我适应能力即自己的心理素质，拥有强大心理素质的人，注定能不断接受好的与坏的结果，并不断在其中迎来自己的成长。显然，在拓展训练中，许许多多训练项目都能培养训练者的心理素质，提高其抗压能力，使其更好地在这个社会中得以发展，形成逆流而上的顽强拼搏精神，这正是高校体育教学的重要目标。

（二）培养高校学生的团队协作意识

在著名的《奥林匹克宪章》中，有这样一句话："每一个人都应享有从事体育运动的权利，并且不受任何形式的歧视，在其中要能够充分体现互相理解、友谊、团结以及公平竞争的奥林匹克精神。"因此，在体育运动中，不断提高与队伍的融洽度，同时以友谊精神、团队协作意识、公平竞争意识去取得每一次体育竞争的胜利，这正是现代奥林匹克精神所提倡的一点。就团队协作而言，拓展训练模式的运动项目最看重的就是训练者的团队协作精神,因此,在该训练模式中,培养高校学生的团队协作意识,才能更好地弘扬现代奥林匹克精神。

二、拓展训练模式应用于高校体育教学的策略

(一)在思维理念中融入拓展训练模式

对于现代教育来讲,突出学生的主体性地位,教师转变为辅助地位,已经成为大势所趋,而在体育教学中,拓展训练模式正符合现代教育的基本目标。在体育教学的思维理念中,教师要积极转变传统的生硬式教学模式,不断在训练模式中促使每一位学生积极参加,同时在其中获得显著的参与感与挑战感,尤其是在团队协作中,要注重培养学生的团队协作意识,不断在体育教学中摆脱原有的思维理念,更好地将体育教学与拓展训练进行融合。

(二)在教学环节中融入拓展训练模式

在传统体育教学中,教学环节通常分为三阶段,第一阶段为准备阶段,第二阶段为活动阶段,第三阶段为结束阶段,在这三个阶段环节的开展中,不断以符合人体体能活动发展特点的内容进行教学,而在拓展训练模式中,不仅能在这三个阶段中有所应用,同时还增设其他环节,如趣味游戏环节与竞争环节,在这些环节的开展中,能不断提高学生在体育教学中的积极性,同时激发学生的热情,加强学生之间的合作与沟通,更符合培养学生"奥林匹克精神"的目标,其应用意义自然十分显著,也正因为如此,在体育教学环节中应用拓展训练模式,就需要教师具备优异的业务能力,做好每一个环节的教学设计。

(三)在目标管理中融入拓展训练模式

在 20 世纪,维也纳诞生了著名的现代管理学之父,他就是彼得·德鲁克,他在自己的书中曾经提到这样一个故事:有三个石匠在干活,有人问这三个人都在干什么。第一个人说,我在谋生。第二个人说,我在做最好的石匠工作。第三个人则说,我在建造一座富丽堂皇的大教堂。从现代角度来分析,第一个人显然没有目标,他只为生存,只想拿到工资,他的主动性与创造性不会得到激发,对于第二个人来说,即使他拥有十分远大的理想,但是他的思想只能囿于本职工作中,对于第三个人来讲,他有着明确的目标,这样的目标,正是现代工作所缺乏的。这就是目标管理的重要性,也是德鲁克所提出的重要理念。对于高校体育课堂来讲,能够在目标管理中不断提升其教学质量,更好地进入拓展训练模式,这也是现代体育教育所提倡的。

在高校体育教学中，摆脱传统教学模式，积极引入拓展训练模式，不仅能进一步激发学生的学习兴趣，还能培养学生的奥林匹克精神。不断以团结、合作、友谊、公正的理念去发展体育、学习体育，在某种程度上为现代体育提供了十分丰富的教学理论。

第三节 高校体育教学与运动训练互动模式

体育教学与运动训练互动模式在很多高校中尚未实行，大多数高校只重视学生的知识教育而忽视了青少年的身体健康素质。俗话说，"身体是革命的本钱"，在如今社会的发展过程中，知识固然重要，但身体素质更不能忽视。试想一个国家的青少年只有满腹经纶，却没有一个强壮的身体，那么国家怎能快速发展？"少年强，则国强"，这里的少年强是指青少年必须具备知识、能力、健康的身体。有学者认为，高校通过体育教学的方式让青少年得到锻炼就可以；而有的学者则认为应当通过体育教学与运动训练的互动模式使青少年养成锻炼身体的好习惯。如果高校只通过体育教学的方式引起青少年对体育的重视，只会治标不治本。高校体育应通过体育教学与运动训练的互动，实现二者的共同发展，达到双赢的效果。

一、高校体育教学中存在的问题

（一）高校缺乏对体育教学的重视

一直以来，受传统教育思想的影响，学校一直被认为是学习文化知识的圣地，学校只重视文化知识的传授及培养人才而忽视了体育教学的重要性。首先，高校没有开设相关体育教育课程，把学生空余的时间都拿来开展学习方面的活动，学生没有多余的时间去锻炼身体提高自身素质。对于高校学生来说，参与的运动项目会因性别不同而各有差异，部分男生比较喜欢篮球和足球等运动，女生则对体育舞蹈、瑜伽、健美操等运动比较感兴趣。其次，大多数高校缺乏对体育教学的重视，高校体育的发展呈现出边缘化趋势。

（二）学生缺乏参与体育锻炼的自主性

高校体育的发展需要专业体育教师的引导。正所谓师者传道授业解惑也，高校体育若缺乏体育教师的引导，会使学生缺乏自主性和独立性。首先，大多数高校开展的体育课都是比较基础的而且种类不多，此外，有些体育教师对体育教学缺乏重视，认为学生学习压力比较大，体育课的任务就是让学生放松。

其次，体育教师的置之不问会导致学生缺乏自主性地去锻炼身体。在体育教学过程中，教师都是按照教学安排机械地给学生灌输教学知识的，而学生也只能被动地接受，忽略了学生的个性化发展。因此，体育教学目标是很难实现的。

（三）体育教学知识与体育技能分离

在众多高校中虽然按照教学计划开展了体育相关课程，但采取的体育课程的教学模式往往会将体育知识和体育技能相分离。首先，大多数体育教师会选择一节课专门在教室里讲解关于体育方面的知识，一节课在操场上让学生进行实际操作。但是，教师根本没有示范应该怎样去做。例如，赛前热身缺乏体育教师的引导、赛中缺乏体育教师的指挥、赛后恢复缺乏体育教师的指点。其次，体育教师会选出体育课代表，然后随便教几个动作就让体育课代表带着学生做热身，教师不重视运动前热身使得学生也敷衍了事。热身没做好，后面的运动项目想继续就很难，会很容易受伤，这些现象导致我国众多的高校在体育教学上使体育教学理论知识和体育技能相分离。

（四）体育教学中存在安全问题

各大高校虽然开展了体育教学，但是体育安全却没有得到全面保障。体育课程都是在操场上进行的，户外安全是一个很重要的问题，我们经常会看到关于某某高校在体育教学中发生安全事故的新闻。学生在运动过程中会利用学校提供的运动器械，如果学生在运动过程中没有充分的自我保护意识，会很容易受伤，甚至一不小心就会造成终身的遗憾。这些体育教学过程中遇到的安全事故对很多学生都会产生影响。因此，为了防止体育教学事故发生的概率不断上升，高校应当把体育教学安全放在首位。

二、体育教学与运动训练互动模式

（一）高校应当对体育设施进行全面建设

体育教学在教学任务中是很重要的一部分，体育教学的好坏直接影响到一所高校整个教学活动的开展，同时一所学校的发展也离不开体育活动的开展。我国很注重青少年的全面发展，而青少年正处于身体成长阶段，所以高校也应当重视起来。由于高校对体育教学的忽视，在体育设施方面投入很少，在这方面有所欠缺。所以，为了青少年的全面发展，应当对体育设施进行全面建设。体育设施的建设需要大量资金，学校可以利用国家的资金支持，同时也可与社会相关体育企业进行合作，与此同时，还可以为体育企业输送优秀的体育人才。

学校体育设施的建设当然也需要政府的支持，政府不但要支持，还要监督学校把资金投入体育建设中，同时要杜绝学校在体育设施上乱收费。如果出现乱收费情况会严重地影响学生的积极性，这就会与初衷相悖。

（二）体育教学应当与运动训练相结合

虽然体育教学与运动训练的方式不一样，但是二者在实施过程中缺一不可。体育教学是向学生传授理论知识，让他们了解体育训练的重要性以及体育项目方面的相关知识。体育训练应当坚持理论与实践相结合，因为实践需要理论来指导，理论要通过实践来检验，只有二者相结合才能达到好的效果，才能更好地发展体育精神。运动训练可以通过开设篮球、足球、排球、健美操等项目对学生进行体能训练。同时学校应当增加体育方面的师资力量和严格要求学生的运动训练。可以通过学分来要求学生，这样既可对他们起到监督的作用，也可以严格要求学生养成体育运动的好习惯。

（三）增强学生的体育意识

一切为了学生，提升学生的身体素质尤为重要。首要的目标就是增强学生的体育运动意识。学校应为学生制订完善的体育课程教学计划。教师在教学过程中，要善于创新，通过新颖的方式吸引学生积极主动地参与进来。很多高校会有体育特训生，而且这些体训生都是带着目的去争夺利益赢得奖励的，这就导致非体训生的积极性受挫，需要教师用合理、高效、健康、鼓励的方式去引导学生树立正确的体育观念。教师要对学生的健康发展负责，促使学生养成体育锻炼的好习惯。学校可以通过举办运动会、社团活动的方式增强学生的体育锻炼意识。

三、体育教学与运动训练互动发展

体育教学与运动训练互动发展的前提条件是树立互动发展的理念。社会对青少年的发展要求在不断提高，强壮的身体是步入社会的前提条件。高校应当在教师中和学生中树立互动发展的理念。首先，教师对于学生来说是执行者、实施者和组织者，教师的一举一动都会对学生产生影响，所以教师要树立体育教学与运动训练互动发展的理念才能更好地带领学生。其次，高校是围绕学生开展教学活动的，学生占主导地位，所以要培养学生的体育意识，让他们明白体育教学与运动训练之间的关系，学会把二者结合起来共同继承体育精神。

综上所述，高校对青少年的培养，既要注重学生的文化教育，也要重视学生的身体素质的训练，通过体育教学和运动训练的互动模式来调动青少年对体

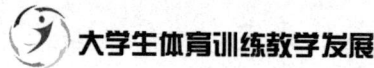

育运动的积极性。同时高校应该采取科学、合理的教学手段促使学生全面发展,使学生的身体素质和学习能力得到提升,最终使高校体育教学水平得到提高。

第四节 高校课余体育训练社会化模式

近年来,我国的教育事业出现了面向世界的发展趋势,高校也进行了多方面的教育改革。随着时代的发展和进步,高校的教育也呈现出更加社会化的发展趋势,如2008年奥运会在我国顺利举行后,竞技体育在我国得到了迅速发展,进而促进了我国的体育教育事业的形成和发展。但是,我们必须清楚地认识到,国家对高校体育教育的资金投入是有限的,高校必须依靠社会力量进行补充,以社会力量促进课余体育训练的发展。事实和实践证明,课余体育训练朝着社会化模式发展是可行的且意义非凡。

一、高校课余体育训练社会化模式的形成

早在中华人民共和国成立初期,随着我国高等教育的逐步兴起,学校课余体育训练也初步形成,然而当时的课余体育训练比较零散,课余体育训练的组织、训练和比赛大多由各高校自主进行。这段时间培养出的一些大学生运动员,成为后来组建各省市专业队和国家队的基础。至此我国高校开展的课余体育训练的目标和价值以服务群众体育和大众身体健康为主要取向,旨在促进学生德智体美全面发展。1986年,国家教委(现为中华人民共和国教育部)和国家体委(现为国家体育总局)联合颁发了《关于开展课余体育训练,提高学校体育运动技术水平的规划》的通知,它成为学校课余体育训练的重要指导性文件。也是从这个时候开始,教育部门将课余体育训练的功能定位为重点培养高水平运动员,忽视了课余体育训练服务于群众体育的价值,导致竞技体育的"快发展"与青少年体质的"快下降"。这引起了社会各界的广泛关注,于是后来相关部门陆续颁布了《关于开展全国亿万学生阳光体育运动的通知》和《关于加强青少年体育,增强青少年体质的意见》等政策文件,进一步明确了对课余体育训练功能的定位。近年来,随着经济社会的不断发展,社会赋予高校课余体育训练更多功能的同时,也提出了更高的要求。为了更好地促进高校课余体育训练的发展,提高课余体育训练效率,有教师提出了社会化的发展模式,这为培养大量的复合型体育人才指明了方向。

二、高校课余体育训练社会化模式的实践意义

（一）有利于学校体育训练设施的完善

在高校中推行社会化模式的课余体育训练，为了适应社会化模式发展的需求，高校不得不加强自身现代体育设施的扩建，部分高校吸引了大量社会资金的投入，如一些大企业的赞助，保障了学校各种体育训练基础设施的完备，方便了学生的课余体育训练。

（二）有利于提高学校的体育训练水平

事实上，学校课余体育训练不仅以锻炼学生的身体为目的，还肩负着培养体育人才的重任。因此，高校不仅要有较好的体育设施基础，还要有与之相配套的软件设施（也就是相应的体育师资力量），才能真正提高学校课余体育训练效率。所以说，学校课余体育训练采取社会化的发展模式，有利于提高学校的体育训练水平。

（三）有利于培养更多优秀的体育人才

我国一直以来都在朝着素质教育的方向不断努力，高校开展课余体育训练既丰富了学生的学习生活，又提高了学生的身体素质，锻炼了学生吃苦耐劳的品质，为我国培养了大量优秀人才。同时，在课余体育训练活动中，也间接地为我国培养了一些优秀的体育人才，这在一定程度上促进了我国体育事业的发展。

三、高校课余体育训练社会化模式的开展现状分析

笔者经过调查分析发现，高校课余体育训练实行社会化模式以来取得的成绩可圈可点，如高校的竞技运动水平得到了大幅度提高、高校的体育工作得到了全面开展、一定程度上提高了高校的声誉、加强了高校与外界的交流、极大地丰富了校园文化。但是，在课余体育训练过程中也不乏一些问题的存在，如部分高校把课余体育训练的功能片面地理解为培养高水平运动员，主要目的是让他们去参加重大比赛，为校争光，于是急于求成、拔苗助长，把更多的精力放在了应付比赛上，忽视了大学生课余体育训练的其他功能，导致最后取得的成绩并不理想。

四、高校课余体育训练社会化模式的发展策略

(一)积极寻找企业赞助,建立稳定的校企合作关系

纵观世界各国的体育盛事,不难发现,这些运动赛事都离不开商业支持和企业冠名。企业赞助可以很好地把企业这种社会资源引入体育运动中,使企业为体育事业做出了不少贡献。笔者认为,在高校中,要想促进课余体育训练社会化模式迅速发挥作用也可以借鉴这一方法。这就要求高校领导打破固定思维模式,善于抓住机遇,引导学校体育课余训练走向社会化发展模式,积极利用自身的品牌效应和人力资源去吸引更多的社会资源,用体育活动的冠名权满足企业宣传自身的要求,进而引入企业的资金支持,改善高校的体育训练条件。事实上,通过这样的方式建立起稳定的校企合作关系是一种"双赢",既促进了高校体育训练效率的提高,又带动了企业自身的发展。

(二)加强与其他学校的交流,建立和谐的协作关系

在推进高校课余体育训练社会化的发展过程中,我们必须坚持走整体发展的道路,也就是要加强同地区甚至跨地区的高校之间的交流合作,以整合教育资源实现优势互补。笔者认为,高校通过与周边其他学校的联合,能够达到扬长避短的效果。例如,如果高校自身的校园面积有限,在建设室内篮球馆的时候可能会受到影响,此时就可以与相邻高校协商共同建设并共同使用,这样不仅可以集中优势发挥各自学校的长处,还可以加强高校之间的沟通交流。除此之外,在日常课余体育训练活动中,也可以组织两校或多校进行友谊比赛,交流训练心得,共同探索提高训练效率的策略,共同促进我国体育事业的发展。

(三)加强与周边社区的合作,建立现代化体育俱乐部

随着人们生活方式的改变,越来越多的人开始注重自身的身体健康,开始养生、健身,这为高校课余体育训练社会化模式的发展提供了便利。高校可以与周边社区等建立互助合作关系,共同建立体育俱乐部等,利用现有的教师资源,对社区人员进行锻炼指导,同时也满足了自身的教学需求和学生的训练需求。毋庸置疑,高校要真正落实课余体育训练社会化发展模式,就必须面向社会,为社会服务。因为社会的资源始终比高校多,高校要想利用有限的资源提高体育训练效率,就必须加强与外界的合作。值得注意的是,高校不能一味地向社会索求,还应当对社会有所回报。例如,高校的体育设施可以对外开放,可以邀请校外企业冠名支持,也可以在社区开展各种体育知识的系列讲座,从而推进高校课余体育训练社会化模式的深入开展。

（四）聘请优秀的体育教练，建立社会体育辅导员队伍

高校要想培养更多的体育人才，离不开素质过硬的体育教练。对此，高校可以聘请一些社会上或者体育界的专家或运动员，将他们纳入自身的教师队伍当中，切实提高学生的训练质量。之所以强调要聘请专业水平较高的教练，是因为体育训练本身的专业性较强，需要有专业人士进行科学指导，如果一味地沿用普通体育教师的训练方法，可能很难取得较好的成效。因此，高校可以结合自身的实际情况，积极挖掘社会上的优秀体育教练，建立一支社会体育辅导员队伍，为学生的体育训练提供更广阔的发展空间。

总之，学校课余体育训练实行社会化模式是一种必然趋势，高校应予以重视，并在抓好教体结合的同时，采取各种方式将学校课余体育训练逐渐推向社会，更加注重与社会的联系，争取企业各种形式的资助，相互支持，共享资源，这样才能为我国培养更多高素质的体育后备人才。

第五节　高校健美操教学训练一体化模式

我国教育的教学模式和教学方法都比较落后，受传统教学模式的影响，健美操教学质量不高，只注重口头式教学，忽视了实践式操作，我们现在必须思考，如何大力提高健美操教学质量和健美操训练水平？我们应不断创新改进教学模式，落实教学和训练一体化模式，大大规避传统教学模式的负面影响，最大程度发挥其实践意义。

一、高校健美体操教学训练一体化模式实施中存在的问题

（一）高校健美操教学训练资金不足

从我国健美操教学现状来看，我们不难发现我国高校健美操教学还处在起步阶段，我国很多部门并没有对其重视起来，也没有针对其教学需求为高校提供资金方面的支持，高校本身资金有限，对健美操的训练安排不够充足，每年基本只能举行两次健美操大赛，这样的教学背景不利于健美操教学训练一体化模式的全面落实，也会大大降低运动员的积极性和主动性，不利于开展高校健美操的训练，因此，针对此问题，我们必须为健美操运动员提供充足的资金，积极筹集资金，这样一来，高校资金压力减小了，有利于加强健美操教学训练，进一步提高健美操教学成效。

（二）高校健美操教学训练时间控制不合理

大部分高校在开展健美操教学时，一般以院级为单位对学生开展训练，这样一来，训练的时间不明确、不统一，整体的训练效果大打折扣，为了完成教学目标，组织学生利用课余时间开展训练，学生就会认为健美操只是一种娱乐活动，只是一门选修课程，没必要重视，只要把专业技能和专业知识掌握了就好了，在传统思想的影响下，大部分高校也这样认为，这样的认识无疑是错误的，很多教师在开展健美操教学的时候，也不能正确对待健美操，严重阻碍了健美操教学质量的提高。我国高校健美操教学水平不高的主要原因就是没有合理安排和控制教学时间，必须对这个问题及时进行改正。

（三）高校健美操选材资源较落后

我国大部分高校开设或者引进健美操课程的时间比较晚，起步迟，无法根据教学人数和学校的规模合理分配教学资源，对于高校落实教学训练一体化模式，学校的许多教学设备都不符合要求，阻碍了教学工作的顺利开展，很多高校的健美操教师也不是专业的教师，无法针对性地进行教师培训以及教师考核，无法完成高校教学目标和教材具体规划，导致学生对健美操和专业高素质健美操运动员等概念混淆不清，使健美操的教学缺乏主次之分，教师在教学过程中不能因材施教，大大减弱了健美操的教学效果。

二、促进我国健美操教学训练一体化实施的措施

（一）丰富健美操教学训练一体化内容

目前我国非常重视素质教育，不断创新教学理念，不断创新教学方式和方法，高校在开展健美操教学训练的时候，除了要教授学生相应的理论知识外，还要在此基础上，开展丰富多彩的实践活动，实践活动可以促进学生对理论知识的掌握，有利于为学生提供丰富的实践经验，有利于提高学生的素质。高校在健美操教学中要全面落实教学训练一体化模式，必须结合学生的个性特点和学习特点，构建一个理论和实践相结合的教学体系，引导学生积极学习健美操，掌握动作要领，提高技能水平，真切感受到健美操的独特魅力。这样一来，有利于学生找到符合自己的学习方法，有利于提高高校健美操的教学水平，有利于培养高素质的健美操人才。

（二）加大资金投入，促进健美操教学训练一体化的实施

一方面，高校的领导层必须先提高自身的思想认识，详细了解健美操在我

国各大高校的发展情况，全面认识到健美操与培养人才之间的紧密联系。高校应结合自身的办学规模、办学性质等因素，加大资金投入，向政府相关部门提出申请，对高校健美操教学设施的基础建设不断进行完善和改进，为学生提供良好的健美操训练场地或环境，不断完善教学器材，为高校健美操的教学训练一体化奠定坚实的基础，大力推进学生健美操技能的提高，全面推动学生的发展。另一方面，资金充足以后，高校就可以聘请专业的健美操教练，为学生设计专业化的训练课程。

（三）合理安排时间，定期开展比赛

各个高校是健美操教学的主办单位，不仅能够帮助学生提高健美操技能，还可以为学生组织健美操比赛，实现学生的愿望，所以，在开展健美操训练时，教师要先对训练的时间进行合理安排，针对学生的具体需求将学生分为若干学习小组，有利于学生互相沟通和交流，高校应定期组织不同院校开展健美操比赛活动，相互切磋交流技能，有利于增强健美操队伍力量，提高健美操运动员的技能水平，学生为了在比赛中取得好成绩，都会加强平时的训练，严格要求自身的技能提高，从而大大提升自身的健美操技能。为了保证健美操训练和比赛的顺利开展，举办高校要向参加比赛的学校收取参赛费用，不断完善奖项设置，不断改善比赛场地环境，提高学生学习健美操的积极性，有利于为社会提供更加专业的健美操人才。

第六节　高校体育教学"翻转课堂"模式

翻转课堂是教育改革的产物，作为一种全新的教学方式，翻转课堂对提高学生的学习积极性、减少课堂时间浪费、提升教学效率具有极好的促进作用。在高校体育教学中应用"翻转课堂"教学模式，可以改变传统体育教学当中学生参与度不高，教师监督不到位导致学生体育成绩得不到提高、身体素质也不能得到提升的状况。本节主要围绕高校体育教学"翻转课堂"教学模式的优点，为构建新型教学模式，实现高校体育教学效率的提升提出可行的建议。

随着教育改革的推进，高校育人的重点变成了培养学生成为具有核心素质的创新型人才，不仅要求学生拥有足够的知识储备，还要求学生保持良好的心态，拥有健康的体魄。因此体育教育成为提升学生身体素质的重要途径，但是现今的体育教育系统不够完善，教师素质不足，学生的学习意识不强，这些已经成为学生体育成绩无法提升的主要原因。

一、高校体育教学"翻转课堂"模式应用的重要性

（一）提高学生的学习积极性

现今高校的体育教学采取的仍是传统的授予式教学模式，也就是靠教师讲授学生听讲的方式为学生提供体育教学，学生的记忆能力有限，具体操作时难免会有记忆出错导致训练不得法的情况发生。学生在训练过程中难以掌握技巧，学习起来更加吃力，进而导致学生对体育学习失去了兴趣。采用"翻转课堂"模式教学，将课堂的主体转移到学生身上，使学生在课堂上的参与度提升，教师根据学生的学习进度设置一系列的训练任务，学生在完成训练任务的同时也掌握了知识技能，通过一个个小任务的完成，学生的自信心增加，学习也就更有积极性。

（二）加强师生互动

"翻转课堂"的使用完全颠覆了传统的教育，该教学模式的应用使得学生成为课堂的主体，降低了学生对教师的依赖性，教师在课堂中成为监督者和引导者。新的教学模式缩短了学生听课的时间，学生训练实践的时间变长，教师有更多的时间为学生提供指导，师生之间的交流更加密切，有利于教师更好地教授知识技能，也有利于师生交流互动，既可以改善教学气氛又可以提升教学的效率。

（三）内化教学内容

"翻转课堂"通过将课堂重心转移，让学生自己探索知识、解决问题，在完成任务的过程中获取新知，通过这种教学模式，学生对于知识点的记忆会更加深刻。学生在"翻转课堂"教学模式中，对将要学习的知识内容进行课前复习，课堂上通过师生互动或者小组学习探讨知识点，让学生对知识点进行内部消化，避免教师上课时过多讲述浪费课堂时间，教师讲课更加精练，学生更能抓住重点，记忆也就更加清晰。

二、高校体育教学"翻转课堂"模式的构建措施

（一）完善教学机制

首先，"翻转课堂"教学分线上和线下两部分，通过将信息技术与实际教学相融合，实现教学效率最大化。翻转课堂让学生通过利用电子设备或者其他查询资料的途径获取信息，因此翻转课堂对教学平台有很高的要求，现今可以

作为教学用的电子设备包括多媒体设备、计算机、手机等。学生可以在各种教学平台上进行听讲、练习、考核，也可以通过教学平台与教师交流沟通。

其次，将翻转课堂应用到体育教学当中，学校应该就新的教学模式建立相应的教学管理机制，优化新教学模式的应用。翻转课堂在应用初期会存在一定的不适应现象，这需要学校管理人员分析不适应现象产生的原因，提出改善措施，使新的教学模式更加适合实际应用。

最后，"翻转课堂"在体育教学当中推广使用之后，学校应该就新教学模式的应用制订一系列的评价考核制度，一方面，考核学生在新教学制度教育下体育成绩和身体素质有没有得到提升，另一方面，考察教师是否真正落实了新的教学制度，根据教师的具体应用情况制订相应的改善方案。

（二）提升教师素养

教师的整体素质决定了教学的质量，在翻转课堂进入高校体育教学之后，教师不仅要完善自身的知识储备，提升教学能力，还要与时俱进，掌握新型教学工具的应用。结合当代高校体育教育的要求，提升教师获取信息、处理以及应用信息的能力，在现实教学当中，教师要不断加强对多媒体、互联网的应用，掌握网络平台的使用方法，才能为学生提供良好的体育教育。

首先，提升教师的整体素质可以通过建立培训机构的方式来实现，学校应该加强对教师个人发展的关注，完善对教师能力的考核制度，在考核中不断提升教师的能力。其次，学校还可以通过委派教师到先进学校中实习的方式，吸取其他学校的经验，应用到现实教学当中，也能达到提升学生体育成绩和身体素质的效果。

（三）丰富教学资源

体育教学的操作性较强，对学生技巧掌握能力和身体协调能力的提升有很高的要求，因此在教学过程中必须保证教学资源充足才能保证学生能力的提升。教学资源一般包括教学素材和训练素材，不同的训练项目有不同的素材要求。首先，教学素材指的是理论教学中可能用到的多媒体设备以及视频平台，学生通过观看视频的方式吸取经验，在互动中不断提升体育技巧，从而达到强身健体的目的。其次，训练素材多种多样，根据学校的训练要求，训练素材至少要满足一个班学生的训练要求，才能保证每个学生都有训练的机会。除此之外，训练设备还要保证质量，避免学生在使用过程中由于器材故障导致受伤。

"翻转课堂"对于改变体育教学现状，提升体育教学效率具有很好的促进作用，"翻转课堂"教育理念和教育方式可以很好地解决高校体育教学课堂中练习时间短和教学不充分的问题，学生通过观看视频，在线上与教师交流，解决日常训练中的问题，可以很好地改善师生之间的关系，使教学氛围更加和谐，从而实现体育教学的可持续发展。

第七节　高校体育教育专业创新型人才培养模式

中国体育蓬勃发展离不开体育竞技的带动，尽管我国高校对于体育人才的培养产生了不同的观点，但是这不能阻挡国民对于体育人才需求的增加，而且随着高校日益注重体育教育专业的开设，大家发现并没有像一些专家所担心的那样，影响到学生文化知识的学习。下面笔者就分析一下高校体育教育专业创新型人才培养模式的相关内容。

一、认识体育创新型人才

（一）体育创新型人才是一个开放的系统

不管是在体育人才来源还是年龄和知识水平等方面，体育创新型人才都是一个开放的系统。一个体育创新型人才可以是国家专门培训的职业队员，也可以是社会上从事其他工作的热爱体育的人士。大家在历届奥运会中可以看到，许多非国家队员也能在某些项目上取得优异成绩。我国有些大学体育专业的选修课中增添了太极柔力球，其创始人就是一名普通的教学教师。他们不可否认地被视为体育创新型人才，这就说明体育创新型人才不是体育职业者的专利，而是接纳社会各界人士，这可能与社会风气和个人爱好有关，但是随着社会的发展，相信体育的创新观念会越来越深入更多人的意识中。

从另一方面来讲，说体育创新型人才是一个开放的系统，主要体现在体育活动方式上。在实际生活中，许多成功的体育教育者能取得良好的教育成果，不仅依靠一味地锻炼来对学员进行体力上的训练，他们更重视采取综合性的教育方式，把体育教育与基本知识、心理培训、课外项目统统融入课程中，进而促进体育创新型人才的诞生。事实上，从生理哲学上讲，人的肢体活动有一定的相通性，特别是在美国的一些球星身上，大家看到他们不但篮球打得好，橄榄球、足球等其他体育活动也成绩斐然，这就是体育本身蕴含的哲理，不是苦行僧式的训练，而是开放的培养机制。

（二）体育创新型人才是一个综合的素质系统

1. 个性与共性的综合

球王贝利曾经说过："任何一个顶尖的球员绝对不敢夸海口说自己为球队得了分，每一次进球都是别的队友在合适时机把球传给了自己。"所以一个体育人才绝对不是在个人的拼搏中展现个性，他身上带着的团结精神，其实就是一个体育团队的共性。纵然一个创新型体育人才开创了一个新的体育项目，或者把体育运用扩展到了新的领域，人们仍旧可以看到这项创新中的普遍性。因此创新型体育人才作为体育人士，本身具有一些共性，但是又在共性中脱颖而出，展现了自己的个性，既是共性的完美发展，也是把共性融入个性中的创新，体现了很好的认知和实践能力，这是创新型人才认知上的基本要求。

2. 文化知识与体育的综合

文化知识是一个工具，它可以加深人对于社会的了解，激发人内心深处对于某一个问题的好奇，最重要的作用就是让人科学地开展活动。现代体育的发展，不仅对运动员的体质有了较高的要求，在饮食是否科学，进行训练的时间是否合理等方面也都对体育人才提出了具体的要求，跟不上这些要求，自然要面临被淘汰的命运。对于高等院校来说，本来就有传播文化知识的良好环境，所以对于创新型人才的培养有很好的土壤。更重要的是，现在的体育提倡的是经济体育与文明体育并重，这样文化知识就能培养出体育人才的纪律意识和文明风貌，展现出超出体育本身的一面，所以文化知识与体育的结合已成为现在体育创新型人才的重要内容。

3. 独立与交流的综合

前面已经说过体育创新型人才是一个开放的系统，需要和外界进行交流，但那是在外在表现上，其实体育人才对内心素质的培养有很高的要求，特别是在我国的一些经济体育中，队员普遍面临着比赛次数不多、临场经验不足导致的心理紧张问题。这就需要队员发挥自己的心理作用，创新型体育人才利用自己独立的判断可以衡量与人竞争时的形势，在情况不明时，又要及时与外界进行交流做到知己知彼，战术和战略上都要求创新型人才具备独立与交流的良好综合能力。

二、构建高校体育教育专业创新型人才培养模式

（一）高校体育教育专业创新型人才培养需求分析

一方面，在体育专业毕业生走向社会就业时，首先想到的就是体育领域，而许多用人单位也对高技能高水平人才特别青睐，这是社会就业的需求。另一方面，社会大众随着经济富裕，逐渐开始关注身心健康，希望借助日常锻炼达到健身和长寿的目的，这样就拓宽了体育生的就业面，乐观来讲，在全民健身上，社会也存在对专业体育生的较大需求。

传统体育专业训练内容进入运动员的领域很容易，但进入健身领域却非常困难，不能适应现代社会的快节奏，这就需要在原来所学的体育基础上进行创新，将其变得可以为健身服务，这样才能找到更多的机会。

对于人才培养模式，体育专业也有个性化的需求。高校体育专业生在毕业后和别人一样也面临严峻的就业形势，现在体育生不在少数，因此在择业就业时都抱有创新精神，这便促使其形成一种体育创新的能力，这样才能在汹涌澎湃的社会潮流中为体育专业找到一个生存定位。

（二）构建高校体育教育专业创新型人才培养模式分析

未来专家型体育教师的培养需要有创新型人才培育目标，当高校体育生进入社会，他们可以成为健身教练，也可以成为社会体育活动家，改变了以往的培育目标，那些把就业方向停留在传统教师上的思维必须改变，这样培养出的人才才能适应社会的发展，在毕业就业上也不会像以前或者其他专业那样窘迫。当体育毕业生踏入社会后，他们可以利用新理论和新知识，跟上时代的技能需求和意识发展，利用网络教程和数字化经营，更好地进行体育商业化的创造。

第一，培养创新型人才必须实行导师制。我国体育教育的现状就是放羊式教学，没有关注到体育未来的发展前景，教师对于学生的体育训练持睁一只眼闭一只眼的态度。导师制建立起来后，就强化了教师的教课意识，督促其尽到教育学生的责任，通过体育训练，组建更好的教学团队，使人才培养具有针对性，提高学生的实际操控能力。

第二，培养创新型人才必须优化课程体系。将现代的庞大的专业基础理论课程整合为学校体育与健康学；将传统的运动技能课程和新兴的运动技能课程进行优化整合；在深入调研的基础上，保留传统的、广大学生喜闻乐见的运动项目，取消学生不易开展的技术性、力量性强的项目；推广与开展新兴的运动项目，如定向越野、网球、桌球等。进一步调整课程结构，加大实践活动的开展力度，保障知识的宽泛，做到学以致用，用在实处才能取得明显效果。

第八节 高校体育教学引入训练营活动模式

训练营活动模式凭借其活动资源集中、组织形式灵活、内容丰富等特点深受运动者喜爱，也是体育赛事活动的一种重要延伸形式。通过引入训练营模式，可以突破学校刻板统一的常规教学模式，延展高校体育训练代表队选拔、训练方式，创新体育社团与体育俱乐部的活动组织形式。另外，可以借鉴高层次训练营活动中所倡导的训练理念及使用的训练内容、方法、手段等为高校体育教学与训练提供有益补充。

一、训练营活动模式的特征

训练营活动沿袭了传统夏令营的活动模式，并根据自身的项目特点予以改进，成为普通体育赛事活动的一种重要延伸形式，按照活动时间及组织形式可分为寄宿营和走训营。运动项目管理中通常把训练营、夏令营形式的活动视为一个小型的体育管理项目来实施，其活动内容及组织形式没有固定的模式，因此，在组织运营训练营活动时可以根据活动目的对训练营的内容做出调整和选择，即使在活动运行中也可以适当地组织协调，以确保训练营活动的正常运行。此外，训练营活动在相应维持周期及活动地点选择方面也较其他赛事活动灵活，其组织形式更加多样。

二、训练营活动模式对高校体育课堂教学、训练队、社团活动组织的效用

（一）突破学校刻板统一的常规教学模式

深化体育教学课堂模式改革，贯彻落实课内外教学一体化是学校体育工作的革新重点。目前，我国高校体育课仍采用刻板常规的集体教学模式，因其受制于班级人数、教学场地、课程进度、学生基础等因素，在实际教学工作中弊端颇多，如教学班级人数庞大不利于组织，教学内容不符合学生实际等。有些体育技能选修课男女混编，特别是对于集体运动项目而言，这些组织模式不利于学生的个性化、差异化学习，学习兴趣与效果大打折扣。为了摆脱这一困境，不少学校将体育俱乐部模式引入课堂教学中，把校内的体育竞赛当成体育课的延伸和补充，有利于提高学生学习的积极性与创造性，提高学生的体育能力和

组织能力。但近些年，俱乐部教学面临诸多困难，如出现了体育课程设置传统、俱乐部经费来源单一、学生活跃度低等问题。有学者认为我国大学体育俱乐部教学理论基础薄弱，缺乏创新，俱乐部教学模式面临"竞技化"和"娱乐化"的选择等问题。笔者认为，训练营模式可以有效弥补课程常规教学及课余体育俱乐部活动中存在的不足。在常规体育课堂中，借鉴训练营资源集中性的特点，把同一时段、项目的专项教师按照自身的特长进行教学任务分配，各班级学生可以全部整合后进行训练营的测试、分组，利用几个教学周对学员进行身体素质、专项技能的教学、考核，建立课堂训练营组别间的转换通道，与此同时，可以适当安排理论课程，在培养学生身体素质、技能的同时，注重实践与理论的结合。作为课堂辅助教学的体育兴趣俱乐部，完全可以采用训练营的形式聘请校外名家就某一专题、某一技术进行专题讲座与实战教学，加大对重点知识与技能教学与培训的力度。

（二）延展高校体育训练代表队选拔、训练方式

业余体育运动是高校体育工作的重要组成部分，也是彰显学校体育工作成绩的重要考核指标。普通高校运动代表队通常设置两个组别，即高水平组与普通组。高水平学生运动员凭借其在某一运动技能上的较高水准进入学校，为学校参加比赛并争得荣誉是其作为高水平学生运动员的重要价值体现，高水平运动代表队在招生、训练、管理等方面都有较为完善的规章制度可以遵循；较之高水平运动队，普通组别运动代表队成员的招募范围面向全校学生，有一定运动技能与参训、参赛诉求的各专业学生均可申请加入。普通代表队队员的选拔方式多样，常见的有队员自荐、校代表队成员推荐、举办招新活动、试训等招募手段。诸如自荐、推荐、试训等传统的队员招募方式在一定程度上窄化了招募范围，一些有实力的学生很可能因为招募信息不通畅、招募手段单一等局限而错失加入的机会。在美国，训练营的招募活动形成了较为固定的组织流程。以美国阿迪达斯青年篮球训练营为例，入营后，组织方会对每名球员进行身高、体重、臂展、体脂等基础生理指标的测试，再对营员的速度、耐力、柔韧等身体素质进行考察，在充分掌握每名营员基础生理指标、体能的情况下为营员建立球员档案，继而更好地挑选符合比赛要求的球员，指导其进行技战术训练，同时也能追踪球员成长的具体情况。选秀训练营的模式完全可以引入学校运动队队员的招新、选拔工作中，延展高校竞技人才选拔方式。

（三）创新体育社团与体育俱乐部的活动组织模式

新形势下，体育社团与俱乐部承担着高校体育教学、课外训练及活动组织

的重要职责，也凭借其增强学生体质、拓宽学生视野、锻炼学生能力、丰富校园生活等诸多功能深受广大学生喜爱，体育社团与俱乐部活动的组织极大地促进了校园体育文化的传播，活跃了校园体育氛围。高校体育社团多种多样，学生自发感兴趣的运动项目大都成立了相应的校级单项运动协会、俱乐部。当前高校体育社团所组织的活动大多以小型单项比赛为主，部分高校体育社团还会根据学校体育活动的日程安排举办体育比赛周、体育知识竞赛等各类活动。大部分单项体育社团与体育俱乐部"单打独斗"，除了有较高群众基础的篮球、足球等运动项目外，受众较小的运动项目的体育社团或俱乐部组织的活动得不到很好的开展，加之组织与活动形式单一，校园影响力不大。因此，应创新思路，借鉴训练营活动模式资源集中、内容多样、组织灵活的特点，创新单项体育社团与俱乐部活动组织的方式，发挥资源整合的效应，创造出内容多样、形式多元的校园体育文化活动。其一，体育社团间可以相互联合进行体育赛事、体育活动的整合与联动。例如，学校体育社团联合会可以整合相关社团举办体育文化艺术节，开展集体育比赛、体育表演、单项运动展示、体育技能学习于一体的综合体育文化活动，提高体育社团与俱乐部活动的影响力，更好地活跃校园体育文化氛围。其二，体育社团应该拓宽视野，重视外联工作，校内联络与校外联络并重。体育文化活动的举办不仅限于体育内容、体育赛事，应借鉴训练营内容多样化的特点，联合校内外相关体育社团或行业资源开发训练营模式的工作坊。例如，体育社团与俱乐部可联合校内其他文化社团与协会举办类似"训练营""工作坊"式样的活动，开宽学生视野，拓展社团业务类型，丰富和活跃校园文化。体育社团也可联合校外体育组织或企业进行活动创新，如学校篮球社团联合智能穿戴装备销售商共同开发主题为"篮球训练科学化与智能化"的工作坊，聘请校内篮球教练或专业教师结合智能装备商提供的可穿戴式产品为学生提供优质训练。活动的组织既能为学生提供全面的主题知识，又能针对商品进行促销与宣传，为社团发展筹得一定的资金，形成学生、社团、商家的"三赢"局面。

三、训练营活动内容对体育教学与训练中身体素质、技战术训练的启示

国内外知名运动训练营拥有一流的训练设施，能够在短暂的训练期限内有效提高营员的身体素质、技战术能力。优秀的教练员与训练科研工作者通过长期实践，摸索并总结出来的一系列新颖、科学、成熟的训练理念与方法都会亮相训练营，新的理念、多样的训练形式、有趣的训练方法都能给高校一线体育

工作者带来启发。

（一）更新身体素质训练理念与方法

身体素质是发挥技战术的基础，对于竞技比赛和专业、职业运动员而言，随着比赛时间的推移，因为身体原因导致竞技赛场中的失误的概率会不断加大，这时身体素质就成为比赛的制约因素。对于非竞技性和普通学生来讲，良好的身体素质能够为日后学业的精进奠定基础。有研究表明，身体协调能力、耐力等基本运动素质的提高有益于大脑的开发，可以让人变得更聪明。借鉴和学习顶级运动训练营倡导的身体素质训练理念、模仿其开发的训练内容与方法成为各级训练队及高校训练与教学的重要学习途径。例如，西班牙巴塞罗那足球俱乐部就在成立之时运作了拉玛西亚训练营，其后发展成世界足球明星的训练基地。梅西、伊涅斯塔、哈维等足球巨星都有过"训练营"的经历。其倡导青少年的足球训练要重视身体素质的全面发展而不是单一的体能和力量训练，认为在训练中更应强调球感，强调团队协作，强调技术运用，强调对空间的观察。这一训练理念也促使巴塞罗那俱乐部的球员，尤其是中场球员拥有良好的技术和意识。在篮球青少年训练方面，美国职业篮球联赛（NBA）在所举办的篮球训练营中对青少年身体素质的要求更加讲究动作的完成度而不是执行的速度。每个动作考验的是营员的肌肉耐受度及耐乳酸的程度，兼顾平衡、敏捷等技巧，在一次动作的完成中提升多种身体能力。训练营将七种常用的体能训练带入身体素质训练中，创造了弹力棍深蹲跳、平衡球单脚髋伸、平衡铃俯卧撑等多种提高营员基础身体素质的练习方法，运用更加简单的器械，发挥训练手段本质的效用。耐克全亚洲篮球训练营推出的 SPARQ 训练系统融合了全新的训练理念，优化并结合静态动态等各种传统训练方式于一体，帮助球员从速度、力量、敏捷、反应以及爆发力五个方面全面提升综合素质，从而帮助球员在比赛中拥有更多出众的素质和更好的竞技状态。这些身体素质训练方法在高校的各层次训练及教学中的借鉴是完全可行和必要的。

（二）技术训练方法的启示

训练营教练了解运动项目技术的本质，更加注重比赛实践中的运动技术细节，看似简单单一的技术动作，能够深刻把握球员技术的共性与个性特点，开发不同于常规的训练方法与手段，促进运动员对技术的掌握和理解。训练营在技术训练方法与手段上追求新颖性和细致性。新颖性体现在训练辅助器材的运用方面。借助身体素质练习的辅助器材如弹力带、对抗服等来增加运动员练习技术的阻力，模仿比赛情景进行技术训练。除此之外，一些简易的普通体育用品如网球、实心球等都可以作为技术训练的辅助用品,如篮球运球训练的同时可以借助网球与篮球间不同的反弹效果考验和提高球员在运用技术过程中身体的灵敏性。细致性则体现为对某一技术动作的细微、深入的分析而衍生的多种练习方法与形式。众所周知,单一重复的技术训练是建立运动技能条件反射过程中不可或缺的,对某一运动技术环节的极致追求更要建立在对动作本质的全面认知上。训练营中对技术动作的细节把握尤为精准,更注重个性技术的细化。例如,在NBA的青少年训练营中,达文·哈普拉多次到耐克篮球训练营中演示投篮百发百中的绝活,对投篮时的身体位置、身体控制、持球位置、出手时间、角度、速度有着深刻理解,同时还对前锋、中锋、后卫等不同位置、不同防守情况时的投篮进行细致分析,为青少年传授投篮技艺。不同位置分工所侧重的技术也更富有变化。一个简单的交叉步持球突破练习可以细化到几十种实战情景中去运用和练习,这是普通高校基层训练所欠缺的。

(三)战术训练方法的启示

对于足球、篮球等大球类集体项目而言,在基层的实战教学与运用过程中却显得凌乱,有板有眼的战术套路成了教学演示的摆设。训练营中的战术训练既具有原则性,又富于变化性。美国篮球教练约翰·伍登提出:篮球比赛中的战术移动,要求队员遵循保持一定距离、三角进攻站位、纵向穿插跑动、传球、强弱侧进攻的平衡分布、弹性、磨合、公平的进攻机会这八大战术移动原则,这些原则一直活跃在高水平篮球竞技训练中。有些战术思想和理念已经成为职业篮球最高殿堂NBA的经典战术要求。除了战术学习的原则以外,还要学会使用进攻或防守手段来引导战术体系的学习,在传授进攻战术的同时不忘培养学生战术配合的意识。要在练习和比赛中体验团队的价值,让营员享受作为团队一员的经历体验。把球队放在第一位,大家以球队为中心去思考问题,营员对集体的归属感更加重要,这正是"训练营"战术训练思想最突出的特点。

训练营活动模式具有资源集中、形式多样、内容丰富的特点,高校体育教学与训练、体育社团、体育俱乐部等工作可以借鉴训练营模式来突破刻板的常规教学方式,延展运动代表队招募队员的方式,创新学校体育社团与体育俱乐部的活动组织模式。工作在广大高校体育教学和训练一线的体育教师和教练员应多了解高层次运动训练营的训练内容,学习和借鉴训练营训练体系与理念,将其运用到日常的训练与教学工作中去。高校应通过实践的不断积累和完善,总结出一套易于被学生接受、训练形式新颖、训练效果显著的训练手段,形成自身独特的教学与训练理念。

第九节　高校体育中长跑训练及教学模式

体育课程有利于将身心和谐发展、思想品德教育、文化科学教育、生活与体育技能教育有机结合，也是实施素质教育和培养全面发展的人才的重要途径。高校体育课是以身体锻炼为主要目的，以期能够增强学生体质、提高学生体育素养的重要课程，但是在课程教学中，由于当前大学生身体素质的欠缺以及中长跑项目的特点，中长跑逐渐成为各高校体育课程中最为薄弱的环节。为了改变这种现象，我们必须从传统的教学模式着手，找出其中的不足，并提出适合当下的新的教学模式，从而实现调动学生运动积极性和提高本项目成绩的目标。

一、目前高校中长跑项目的发展情况

中长跑是中距离跑和长距离跑的简称，属 800 米以上距离的田径运动，中距离跑项目有男、女 800 米和 1500 米，长距离跑项目有男、女 5000 米和 10000 米，另外还有男女马拉松及 3000 米障碍赛。中长跑是一项需要速度和耐力的综合性项目，需要人体在较长时间内保持较高速度跑步。由于这一项目对身体各方面素质要求较高，训练内容枯燥且难以坚持，学生的积极性不高，参与性也不强，使其成为高校体育各项目中开展教学与训练最困难的部分，所以这一项目的教学水平和成绩也不太理想。

近年来，在体育领域中，人们从以往的教学模式中总结出了一个新名词：体育教学模式。这个新兴的概念是指通过科学合理的教学理论指导，将已经通过长时间实践检验的各种优秀的体育教学活动和教学范例，进行简化并加以稳定的展现。通过体育教学模式，我们将以往的经验加以高度概括，并对各种教学理论进行具体化，在体育教学理论的指导下，建立起教学目标、内容以及方法紧密相连的整体策略。

二、目前我国高校中长跑项目在教学、训练开展中存在的问题

（一）教学、训练缺乏科学性

目前我国高校中长跑项目的训练模式还基本停留在简单的"老师教，学生学"的最基础模式，严重缺乏学校相关部门的整体配合以及相应的科研部门的有效指导与建议。受制于资金不足、教师教学能力有限、相关的训练监测设备的缺乏等，整个训练过程缺乏合理的周期安排，对训练状态的确定、运动后

的恢复调整、训练模式的对应安排以及对训练过程的科学监测工作都未能妥善完成。

（二）忽视训练技术的重要性

目前高校的中长跑教学，常常受制于传统的训练观念，只重视对学生速度与耐力的训练，而将更为重要的技术训练抛之脑后，这就导致了赛场上运动员的跑步姿势常常不标准。但实际上，在中长跑项目中，跑步技术的重要性不只表现为可以提高速度、增强耐力，更表现为可以帮助运动员以最小的能量消耗完成相等的运动距离，可以使运动员的能量储备得到最有效的发挥。因此，要想真正提高中长跑项目的成绩，加强技术层面的交流学习，更新技术观念是重点。

（三）对学生运动后进行恢复以及健康训练的指导工作不到位

由于高校体育教学与训练处于半专业层次，往往对学生运动后进行恢复以及健康训练的指导工作做得不到位，所以常常出现训练效率低下、运动员因训练受伤的情况。实际上，只有科学合理地安排训练，才能保证运动员在比赛中正常发挥甚至超常发挥，可见运动后的恢复及健康训练对于中长跑训练是非常重要的。这些合理安排中应当包括运动后的恢复以及健康训练的指导工作，这是训练质量和之后的训练活动顺利开展的根本保障，在训练结束后教师及教练一定要有意识地组织运动员进行恢复及健康训练，当然也可以在训练中穿插一些运动后身体恢复的指导，在运动结束后运动员也可以借助已经学习的知识自行地进行按摩等恢复工作。总之，这些工作可以很好地帮助运动员恢复身体状态，避免高强度运动带来的损伤。

（四）忽视训练后的营养补充

中长跑项目具有特殊性，对能量的消耗非常大。因此必须适时适量地补充水、蛋白质、糖类等被大量消耗的能量物质。但我们发现，在高校组织的中长跑训练中，却往往只给运动员提供矿泉水，运动员自身也没有这种营养补充的意识。忽视训练后营养的补充不仅会影响学生的中长跑训练效果，还会对学生的身体健康造成一定的伤害，甚至会影响学生以后的生活、工作。

三、构建高校中长跑项目训练及教学模式的依据

（一）构建高校中长跑项目的训练及教学模式要有科学依据

在构建训练及教学模式的时候，不能随意选择，一定要有科学依据作为支

撑。在进行日常训练的时候，教师及教练一定要依据科学的指标（生化指标、身体机能的评定等），来制订训练内容并选择合适的教学模式。要定时对运动员的各项身体指标进行检查，并对检查结果进行分析，发现其中存在的问题，对训练模式进行适当的调整。例如，在训练结束之后，对运动员的身体机能进行监测，可以结合此指标选择膳食并对其进行搭配，更好地补充运动员所需要的营养。其实，不论是中长跑训练还是其他事情，都要符合科学依据才能更好地进行，如果只是随心所欲地去做只能"事倍功半"，永远也达不到预期的效果。

（二）依据高校中长跑运动员实际情况

高校中长跑运动员的身体素质参差不齐，如果在训练的时候采取统一的训练模式，就会造成一部分学生训练强度不够，一部分学生训练强度过大。因此，在进行训练的时候一定要"因材施教"。如果日常的运动强度较大，那么调动中长跑运动员的积极性则是一个很大的挑战。选择合适的教学模式和训练项目可以很好地激发教练和运动员的训练积极性，弥补中长跑本身的缺憾。在选择训练模式时，一定要结合运动员的实际情况和中长跑运动的特点，来选择合适的教学模式。

（三）根据中长跑训练的规律来构建训练及教学模式

任何事物都是有一定规律的，中长跑的训练也一样。我们一定要在尊重中长跑训练规律的前提下，发挥主观能动性。教师或教练在日常训练中不但要指导学生掌握中长跑技术，还要不断思考、总结训练中存在的规律，如学生在训练中哪些地方最容易犯错，这样就可以更加有针对性地进行教学。

四、科学合理的高校中长跑训练及教学模式

（一）中长跑训练要将理论与实践相结合

在长跑项目中，高校要想真正实现运动成绩的提高，就必须避免只重视身体训练所带来的弊端，应将实践能力培养与理论知识教学相结合，理论知识的增加可以更好地为实践训练提供指导。无论是教练还是运动员，都应当自觉提升对理论学习的重视程度和积极性。理论与实践相结合的训练与教学模式的应用，是实现两者互促发展从而带动整体训练水平不断提高的重要保障。

（二）针对比赛的具体训练及教学模式

高校进行中长跑项目的教学与训练，根本目的就是帮助大学生更好地开展体育锻炼，提高身体素质，并为学校创造更好的比赛成绩。因此，在训练与教

学的安排上，要明确将提高学生身体素质与提高比赛成绩作为根本目标。

（三）综合训练及教学模式

在上文我们提到了很多训练模式，虽然这些模式有很多优势，但是每一种模式在使用的时候都存在一定的缺陷。我们可以把各种模式的优点都整合起来，并利用各个模式的优点弥补其他模式的不足，这种方法就是我们这里要介绍的综合训练模式。在实践教学中，可以根据训练的实际情况（训练的内容、中长跑运动员的素质等）把两种或者两种以上的教学模式相结合。

（四）情感体验训练及教学模式

学生在长跑训练中由于训练量大、要进行反复练习，容易产生厌倦情绪，教师及教练一定要重视学生的情感体验，因为学生的情感体验会影响学生之后的练习效果，教师要在训练中帮助学生排解不良情绪，让学生可以在一种轻松愉悦的氛围中进行训练，从而提高学生的积极性，增加训练的乐趣，提高学生在训练中的主观能动性。教练可以有意识地和学生进行沟通，在沟通中排解学生心中的压力和不良情绪，可以多说一些鼓励的话语，或者是开展一些趣味性的训练（如同学之间进行竞赛、小组接力赛等），通过这些方法来弥补中长跑训练本身乏味的缺点，消除学生生理和心理的压力，以此改善学生的情感体验，让他们在训练中更多地体会到快乐、满足、充实。

五、优秀高校中长跑训练教学模式案例

（一）长短距离结合训练模式

课程开展的初期，考虑到学生的身体素质有限，教学目标应当定位在帮助学生加强身体锻炼，提高其耐久力，增强身体素质上。在训练安排上可以采取多种距离结合以及变速跑的训练方式，在短距离训练上注重对速度的要求，并逐渐增加训练距离。这样的训练模式可以有效帮助学生在身体机能方面快速适应训练强度，同时也能很好地提高他们对比赛的适应力。当学生可以很好地适应中长距离的耐力训练后，教练就可以开始进行专项距离的具体训练，在反复的训练中纠正学生的跑步姿势，以短跑促进长跑能力的提升，以长跑训练短跑速度，逐步提高学生整体的运动速度。除此之外，教练还可以偶尔安排超长距离的训练，以此来帮助学生提高耐力。在各项训练当中，教练都应该注意培养学生跑步的节奏性。在具体的训练中，推荐每周进行两次长短距离结合训练，每次跑三到五组，每组都以 400 米与 1600 米的反复跑训练模式为主，每跑完

一组安排5分钟的休息时间,休息时间内注意提醒学生进行慢走而不是坐下或者躺下。坚持这样的训练模式,不但可以有效提高学生的耐力,学生的跑步速度也会随之不断提升。

(二)渐进训练模式

中长跑训练相对于其他项目,训练量较大,对学生体力要求也较高,如果教师急于增强训练效果,把大量的训练任务集中在一个时期,会让学生吃不消,造成学生训练压力过大,最终在训练中产生消极应对的心理。所以,教师在日常训练中可以采用渐进训练的方式,所谓渐进训练就是逐步加大训练的任务量,最终完成训练目标。例如,在进行5000米训练的时候,教师可以先让学生按照自己的节奏跑完5000米,然后再规定一个相对较长的时间让学生跑完5000米,接着逐渐缩短时间,以此来逐渐提高学生跑步的速度,让训练压力不至于过大,通过这种逐渐加重任务的方法,增强训练效果。

(三)多次课训练模式

一些教师在长跑训练中,喜欢把一个任务集中进行训练直至学生在这项任务上有所突破。这样反复练习容易使学生认为训练十分枯燥,多次课训练模式可以很好地解决这个问题。多次课训练就是把一个任务分散到多次训练中。在这里,我们介绍两种具体的多次课训练形式:第一种就是把过去3节课的训练内容分散到6节课或者更多次的课程中。例如,要进行10000米的训练,可以把这10000米的训练量分散到三次课中,第一次2000米,第二次4000米,第三次4000米。第二种形式就是把一项任务与其他任务结合。例如,教师想要训练学生的起跑动作,在一节课前25分钟进行起跑训练,再抽10分钟进行耐力训练,最后10分钟进行放松训练,多个任务交叉在一起,可以让训练的内容更加丰富,让训练不那么枯燥,从而提高学生训练的积极性。

中长跑训练是高校体育教学中非常重要的内容,对提高学生身体素质有很重要的作用。为了更好地促进高校中长跑运动的发展,本节简要分析了新时期高校体育中长跑项目教学模式中存在的一些问题,并针对这些问题给出了相应的解决措施,通过改变训练中的教学模式,采用科学合理的体育教学模式来调动学生对中长跑训练的积极性与参与性,达到不断提高本项目成绩的目的,为社会培养出更多的优秀人才。

第三章　大学生体育训练教学探索

第一节　大学生体育拓展训练的教学思考

在体育课程中，开设一定学时的体育拓展训练，可以通过让学生参与、体验拓展训练环节，让学生经历心理、体能、团队协作等挑战，使学生在体育锻炼的基础上磨炼坚强的毅力、调节心理问题、提高团队精神、反思自己的不足和缺点。大学生正处在身体、心理发展趋于成熟的过渡时期，体育课程教育教学对于学生身心健康的培养至关重要。参考国外的经验和国内的应用成果，在体育课程中开设体育拓展训练环节，有助于大学生身心健康发展。

一、体育拓展训练与大学生体育课程教学纲要的符合性

从大学生体育课程教学纲要来看，大学生体育课程教学纲要提出要根据学生的不同情况设置基本教学目标和发展目标，教学目标围绕运动参与、运动技能、身体健康、心理健康、社会适应来设定。从拓展训练的教学目标来看，完全符合大学生体育课程教学纲要的要求。因此，在高校体育课程中增设体育拓展训练是科学合理的。体育拓展训练对器材的要求比较简单，不需要过大的投入，具备在高校中推广的可行性。

二、体育拓展训练的相关内容

（一）体育拓展训练的教学内容

高校体育开设拓展训练课，教学内容按照训练目的可分为基本素质训练和综合素质训练。基本素质训练，是通过设置一些具有难度的活动内容，培养学生的自我挑战能力，使学生克服身心障碍获得信心、勇气、磨炼意志。综合素质训练，是团队性质的活动，通过活动训练学生的沟通、组织、协调、配合能力。

体育拓展训练课按照项目内容可分为个人项目训练、双人项目训练和团体项目训练。个人项目训练,是基础素质训练的主要内容。双人项目训练,是由个人项目训练到团队项目训练的过渡阶段。团队项目训练,是体育拓展训练的重要环节和关键所在。团队训练是个人能力的体现和团队配合能力体现的集合。

(二)体育拓展训练的教学步骤

①课前准备。教师要布置好场地器材,全力做好安全保障措施,设置好教学内容。

②情景导入。教师要向学生宣读游戏规则和具体要求,详细部署安全保护措施,重点强调注意事项。

③讨论。根据学生的特点,按照活动项目的需要对学生进行分组,引导学生进行活动前讨论、组内分工和设计具体方案。

④实施。在教师的组织指导下,引导学生进入拓展训练环节。

⑤经验分享。拓展训练活动结束后,组织学生对自己和团队的成果进行验收,让学生交流、思考、归纳总结。

⑥教师点评。教师在整个活动中,通过对学生个人和团队的表现进行点评,并结合学生的感悟交流进行点评,引导全体学生反思、提高认识和感悟,并结合在日常学习、生活和未来工作中的相关问题进行应用指导。将学生思想上的提高转化到行动、习惯应用上,内化为一种文化和素养。

三、体育拓展训练的教学注意事项

(一)结合本校的优势资源

各学校开展的体育拓展训练没有统一的模式,要充分结合当地的实际情况,结合校内外的资源环境条件选择拓展训练场地和项目。还要根据学校的资金投入情况,适当地采购一些专用器材,在学校场地和资金充裕的情况下可以考虑建设专门的大学生体育拓展训练基地。

(二)创新拓展训练的形式

对学生进行分组时,要经常变换组队成员,让学生融入更多的陌生集体,锻炼学生的团队沟通能力、团队适应能力和团队配合能力。

(三)注重安全教育

体育拓展训练是一项带有一定危险性的活动,教师一定要做好训练前的安全教育、训练中的监控工作。要定期检查器材,做好意外事件处理预案。

拓展训练符合大学体育课程教学纲要的要求，符合学生身心成长需要，符合社会对人才的素质能力要求，所以这种创新的教学模式适用于高等教育，为高校体育课程建设提供了思路和方法。

第二节　体育教学中运用拓展训练提高大学生心理素质

在我国目前的高校教育教学活动中，体育教学在素质教育的带动下获得了较好的发展，且在高校教育教学开展中的受重视程度在不断提升。随着现代教育教学模式的不断创新和发展，在我国素质教育和教育教学改革的号召下，高校体育教学模式的创新热情和实践激情都明显提升，随之各种各样的高校体育训练及教学模式应运而生。本节就扩展训练在高校体育教学中对学生心理素质培养的功效进行分析，以期为我国高校大学生体育运动发展提供有价值的理论参考依据。

一、高校体育扩展训练对提高大学生心理素质的重要性

近年来，随着大学生所面临的压力不断增大，由大学生心理问题所引发的恶性事件也频繁发生，这都反映了目前我国高校大学生心理"亚健康"的问题。在高校大学生心理压力问题导致的恶性事件的刺激下，高校教师开始关注对大学生心理素质的培养和提升。体育运动是解压、放松的良好途径，但传统的教育模式对大学生心理素质培养的效用不大，并且传统的教学模式很难引入心理素质培养内容，基于这种情况及大学生心理建设需求现状，高校都积极地结合目前教育教学改革下的教学模式创新潮流，围绕大学生心理素质提升来开展教学模式的构建。拓展训练就是在这一时期走入教育教学者视线中的教学模式。将高校的体育课程围绕着拓展训练进行建设，让学生在参与学习的过程中，一边进行体育运动的学习，一边提高自己的体育竞技水平。同时教师也能在体育拓展训练中进行活动的建设，以此来提高大学生的心理素质，让学生实现心身上的蜕变。例如，在对大学生合作意识的培养上，可以通过组织篮球赛、接力赛等活动来进行合作意识的培养，让学生在进行运动的过程中既锻炼自己的身体又了解到合作和团结的重要性，让学生感受到团队的温暖，进而消除学生的负面心理情绪，提高学生的心理素质。

二、高校体育拓展训练提高大学生心理素质的具体措施

（一）坚持不懈，拼搏奋斗的心理素质培养

现在的高校大学生多为独生子女，在家长和长辈的宠爱下，很多大学生都存在面对困难退缩，不敢尝试和挑战的问题。针对这一问题，我们可以通过开展高校大学生体育马拉松拓展训练来提高大学生的心理素质。让学生参与到马拉松的比赛活动中，将一定的物质和精神奖励作为激励手段，让学生在马拉松的奔跑过程中去体会坚持和拼搏的含义。在开展拓展训练的时候，教师要先对马拉松的基本常识和运动方法进行简述，然后根据性别对学生进行分组，马拉松的距离选择要适当，女生组和男生组的马拉松距离可以不一致，但距离设置的目标不能让学生轻而易举就实现。在马拉松的运动过程中，沿途要设置群众点，群众点可以让其他年级的大学生来参与，通过群众点的鼓励和关注，激发大学生的表现欲望，进而让大学生在马拉松拓展训练的过程中体会到坚持不懈和拼搏奋斗的含义和意义，实现对大学生心理素质的培养。

（二）团队合作，尊重他人的心理素质培养

高校大学生在信息时代下缺乏同学之间的有效交流和合作，很多时候高校校园里看到的大多是学生拿着手机各自玩各自的游戏。在这种情况下，大学生的社交和交流能力将受到影响，甚至会导致大学生出现孤僻的心理问题。针对这一问题，高校可以通过开展团队小组野外拉练的形式来进行高校大学生拓展训练，以某野外训练活动为基础，让学生进行五人一组的分组，然后到附近的山上完成搭建帐篷、制作午饭、收集材料等任务，让学生在任务的开展和完成过程中培养起团队合作和尊重他人的心理素质。在该拓展训练开展前，教师一定要做好对学生的野外能力教育工作，并采取随机分组的形式，避免学生以小团体的形式来参与活动，使得拓展训练的目标无法实现。

（三）积极乐观，自信勇敢的心理素质培养

部分大学生对生活比较迷茫，甚至不够乐观和自信。针对这一问题，高校可以通过开展一些趣味体育拓展训练项目，如两人三足、接力跑等活动，让每一个学生都能感受到自己的重要性，进而在体育活动的开展过程中具备自信心和勇气，并在游戏的过程中感受到体育活动的快乐，使学生养成积极乐观的生活和学习态度。

在本节的研究和论述中，笔者就高校大学生心理素质的提高与体育拓展训练的结合进行了分析，希望能为我国高校体育教学模式的创新和高校大学生心

理素质的提高提供理论参考依据，同时也为我国高校体育教学模式的创新发展提供实践思路和创新方向。

第三节 大学体育舞蹈教学中学生的美感训练

在西方国家中，体育舞蹈被称为真正永恒的艺术。体育舞蹈在传统的交谊舞的基础上不断更新，融入时代气息以及竞争性，成为人们用于交际和陶冶情操的手段，也是锻炼体质的方式，有着非常独特的艺术价值。高校的体育舞蹈课对学生以及社会都是非常有价值的课程，在教学方面需要让学生各方面的素质得到提升。体育舞蹈的根本在于对人的体态艺术进行展示，并给人一种愉悦和美感的享受，让人们产生对美的追求，无论是拉丁舞还是摩登舞，无不要求强烈的节奏感和协调的动作，配合悦耳的音乐，让其具备极强的艺术感染力，而体育舞蹈课上研究的美感主要体现在四个方面。

一、体育舞蹈教学中的四大美感

（一）动作美感

体育舞蹈的两个重要分支就是拉丁舞和摩登舞。与其他的舞蹈类型不同，体育舞蹈各种分支的舞蹈，对技术动作的要求都非常高，因此，对舞者的动作也有非常严格的要求。在高校的体育舞蹈课上，学生对体育舞蹈进行学习，重点内容就是掌握最基本的舞姿，将基本舞姿全面掌握后才能在已经形成的教育上提升美感，让自身的舞蹈水平得到提升。在教学中除了对舞姿进行训练外，学生还要对不同的舞蹈动作进行尝试，让体育舞蹈在动作方面体现的美感得到提升。

（二）音乐美感

任何舞蹈无论是训练还是表演都离不开音乐的支持，体育舞蹈也是如此，不可能脱离音乐，因此音乐可以说是舞蹈的灵魂。音乐的旋律、节奏、曲调以及透露出的情绪可以给舞蹈的最终呈现效果带来很多变化，所以，体育舞蹈的美感与音乐的美感是紧密相连的。要想真正了解体育舞蹈体现出的美感，就要正确认识音乐的美感，并利用好音乐美感，才能让体育舞蹈对观众产生更强的吸引力，并营造出更好的氛围，让观众可以沉浸在对美的享受中。

（三）形体美感

体育舞蹈本身是舞蹈的一种，表现出的美感自然也需要具备舞蹈的基本特点，形体是对体育舞蹈的美感产生影响的重要因素。只有保持协调的动作以及匀称的身材，才能让形体的美感展现出来。具备良好的形体，可以让舞者具备更强的运动基础，可以让舞者展现出良好的气质以及形体特征。在体育舞蹈课上非常注重对学生形体的锻炼，这也是强化学生体质的重要体现，是体育舞蹈课非常重要的教学目标。

（四）服饰美感

一直以来服饰与美学追求就是息息相关的，服饰美感随着时代进步正在发生变化，而也正是这种变化，可以看出人们的审美理念在不断更新。服饰终究是注重实用性的，一定要与人的身体彼此对应，不可能独立于身体而存在。服饰的材质、颜色、裁剪以及线条都是要与人体相呼应的。体育舞蹈也需要配合与之相搭配的服装，展现出更多的美感。

二、大学体育舞蹈教学中学生美感训练现状

（一）教师对美感训练不够重视

很多高校体育舞蹈课的任课教师并未认识到美感训练的重要性，在教学中将主要精力和时间放在对舞步进行统一以及技术训练上，这就导致很多大学生也单纯地认为学习体育舞蹈只需要将技术动作练好。因此，在实际表演中会发现，很多大学生已经掌握了体育舞蹈的各方面动作，但其动作组合起来却非常呆板，观赏者并不能从中感受到明显的美感。教师要从理念上进行转变，要明白美感训练在体育舞蹈课中是非常重要的教学内容。

（二）教学理念上的限制

教师保持着怎样的教学理念以及沿用哪种教学模式，对体育舞蹈课的教学效果会产生直接影响。如今很多教师在教学中采用的是传统的理念以及手段，也就是教师在学生面前会做好动作示范，然后学生对教师的动作进行模仿。这种教学方法比较直接，但是已经无法满足如今的教学需求，教师并未从中掌握每个学生的理解程度，也并未采取正确的引导方式让学生对体育舞蹈进行自主学习，学生并不了解体育舞蹈的真正内涵。

（三）训练方法不科学

要想让学生获得效果显著的美感训练，规范教学是一定要受到重视的，教师一定要将动作训练与美感训练区分开，二者有着本质的区别，培养的方法也是截然不同的。教师在教学中既要重视学生对技术动作以及舞蹈造型的掌握，也要注重动作的灵活性，学生需要在教学中感受到体育舞蹈的美，教师需要在教学中积极激发学生的学习自主性，使学生在审美能力方面得到提升。在对美感进行训练时，需要对一些教学手段进行重点改进。

三、大学体育舞蹈教学中美感的训练方法

（一）强化基本功训练

在体育舞蹈的训练中，需要不断强化学生对基本功的掌握，这样学生才能具备更强的审美能力，基本功训练本身就是美感训练的根基。教师需要强化对学生站姿、四肢位置以及表情等细节的指导，为了让效果更好，教师需要明确每个学生对体育舞蹈的掌握或者了解程度，并结合实际情况做出调整，要避免学生在训练中出现抵触情绪，教师可以配上一些优美的音乐，或者组织一场竞赛，这样就能让学生对体育舞蹈产生更浓厚的学习兴趣。

（二）加强规范教学

首先，教师要将原本连贯的动作以及规范的口令分解，让学生对此加强了解。一些动作难度比较大，教师要用不同的方法展示给学生。其次，教师需要在教学中为学生进行多次示范，为学生展示正确的动作，教师一定要具备一定的素质，这样才能让学生得到良好的引导。除了标准的技术动作之外，教师还要注意动作的连贯性，教师要对学生进行规范性的讲解，用学生更容易理解的方式，向学生展示体育舞蹈的美感。

（三）选择合适的音乐

合适的音乐可以让舞蹈表演更具感染力，也能给观赏者更强烈的感官刺激，让双方进入情境中，从中感受到体育舞蹈的感染力以及对情感的表现。音乐是舞蹈的灵魂，需要选择一些风格比较匹配的音乐，不同的音乐的表现力不同，在美感训练中也要谨慎选择。

（四）表演展示教学

表演展示就是让学生自己用肢体对体育舞蹈的技能以及动作进行展示，

因为重复性训练会让学生失去对体育舞蹈的学习兴趣，而表演展示就是让学生在特定的音乐背景下充分发挥自身水平，表达自身的感受与情感，这种教学方法并没有对学生的自身要求有所限制，可以让学生尽情发挥，提升自身的审美能力。

总之，要想让大学生在体育舞蹈方面获得美感的提升，就要不断提高学生的审美能力，不断对训练机制进行革新，明确体育舞蹈课上可以对学生进行强化的几方面的美感，并采取有效的措施，让学生得到综合性的训练，从而提升学生各方面的能力，激发学生学习体育舞蹈的兴趣。

第四节　高校体育教学引入拓展训练加强大学生团队精神的研究

拓展训练是指利用自然地域和相应设施，让参与者进行体验，从中感悟活动所蕴含的理念，通过反思获得知识，通过改变行为来培养良好的心理品质、提高综合素质的一种动态教育模式，又称外展训练。拓展训练是一种体验式学习方式，对团队是一种有效的培训。拓展训练在突出团队精神的前提下，要求训练者之间通过身体与心灵上的接触引起共鸣，达成默契，从而使训练者深切感受到团队精神的重要性。

一、团队精神的基本内涵及重要性

什么是团队精神，目前可谓是众说纷纭，但就笔者个人理解而言，团队精神就是某个团队成员认同和满意自己的团队，为了一个共同的目标，充分发挥个人的创造性，同时主动与其他成员团结协作，尽职尽责共同努力实现团队目标的作风。

团队精神已是当今国际社会对人才需求的基本素质之一。培养大学生的团队精神是顺应时代发展的要求，同时也是我党构建和谐社会的需要。党的十六大明确提出"建立和谐社会，达到全社会和谐发展"的伟大目标。现代社会已进入"知识经济"时代，人与人之间的相互依存关系越来越密切，相互协作已成为人们生存的习惯意识。

大学生团队精神的培养就个人发展而言是意义深远的。目前，无论是国家还是企业，核心竞争力的保证就是团结协作，大学生团队精神的培养就是提高大学生的适应能力和团队竞争能力，为以后走向社会奠定良好的基础。团队精神有利于塑造大学生良好的个性人格，提高大学生的综合素质。

二、高校大学生团队精神现状及意义

在我国的高等教育模式下,在中国几千年来的封闭思维方式及内敛的做人原则指导下,大多教育工作者注重培养学生的个人专业技能,忽视了学生团队精神的培养,致使学生与学生之间缺乏交流与合作。现代社会独生子女的比例不断上升,个人主义思想严重。许多学校的思想政治教育与现代社会脱轨,不能与时俱进,忽视学生本身个性的发展,导致学生对集体活动有抵触情绪,造成大部分学生缺乏团队精神。这种现象已经引起教育界的重视,但关注与努力的重点却放在了学生的思想教育上,通过思想教育活动来培养学生的团队精神。事实上,现代大学生只通过思想教育提高认识是不够的,还要通过实践。在高校的体育教学中引入拓展训练,通过在实践中的合作增强学生的团队意识,培养学生的团队精神。经济学家肯德曾经说过,"19世纪是工业世纪,20世纪则作为管理世纪载入史册",我国最早倡导"知识经济"观念的教育学家杨福家院士曾指出:"在知识经济的大背景下,要训练学生与人共事,要讲究团队精神。只会孤军作战的人已经不适应今天的形势。"当今世界经济飞速发展,国家、企业、人与人之间的合作日益频繁,团队合作成为每一个人在这个信息时代生存与发展的必要素质。因此,培养大学生的整体意识和团队精神已成为时代的需要。

三、拓展训练在体育教学中打造团队精神的实践

高校体育教学引入拓展训练的理论依据。拓展训练属于体验式学习,以"先行后知"的体验式学习模式,打破过去体育教学中教师简单地"教",置换以学生通过各种拓展项目主动地在体验中"学",使学生学习各种技能,掌握一套增进健康的科学方式方法,并形成持之以恒的习惯,用"生活的体育"促进他们德、智、体的全面发展。通过以上内容可以看出,拓展训练的目的与训练手段和方法和体育教学的目的与方法是相同的,拓展训练正符合教育部颁发的《全国普通高等学校体育课程教学指导纲要》(以下简称《纲要》)的要求,是可以促进学生达到《纲要》目标要求的较为理想的体育课程。

为了某项任务几个人聚到一起,不一定能形成有效的团队。只有能够共同承担责任、共同努力的成员,在特定的环境中共同完成任务才能形成有效的团队。在体育教学中引入拓展训练,通过课上的一些集体活动,增强学生的团队意识。例如,在盲人方阵活动中,班级成员自动分组,每组不少于8人,在平整的场地上,每人一个眼罩。每组一捆25米的绳子,在规定的时间里,全队

人员在不可视的情况下围成一圈，将教师提供的绳子拉成一个规定的全封闭的形状。这是一个以团队挑战为主的项目，项目主要凸显的是有效的沟通。

活动开始前，每个小组先要进行有效的沟通，确定每组的组长。小组以组长为核心，展开讨论，达成一致的想法与意见，确定具体实施方案。在整个实施过程中，要求组长与组员之间表达、倾听、反馈等环节有效运作，形成有效沟通，在组长与组员之间营造一种平等和谐、积极向上的氛围。组长与组员之间要相互尊重，提升思想交流与感情表达的技巧，建立团队之间良好的信任关系。在整个活动过程中通过有效沟通了解他人的思想和表达方式，学会透过现象看问题、看本质。每个小组成员都要有安全感是成功的另一必备条件，这样他们才能从心灵方面进行沟通，主动与他人交流合作。成熟的小组向团队的过渡，逐渐形成团队规范，使他们产生主人翁的责任感，主动承担责任与义务。

良好团队的形成，靠的是长期有效的磨合，通过不断的实践，增强团队的凝聚力，逐渐形成团队的文化精神，从而显示团队的独特性。

各高校新生在入学后，都有一段迷茫期，教师要充分利用这段时间，从新生抓起，先从思想上进行团队精神的引导。新生实践课较少，应在体育教学中引入拓展训练，让理论联系实践。打造团队精神是帮助大学生更快、更好地适应大学生活，走向社会并融入社会的一种辅助性方法。各高校在培养大学生团队精神的教育活动中切不可照抄照搬，一定要切合实际，根据本校的专业、学生特点、学校实际情况采取相应的训练方式，在不断的实践中检验训练效果，重视对训练的总结和实施效果的评估，安排要遵循循序渐进的原则。

第四章 大学生体育训练教学的思考

第一节 高校大学生课外体育训练的动机分析

作为高等学校的体育课，无论是必修的运动项目课，还是选修的健身活动，都不能只通过课堂教学完成学习任务，必须要有大量的课外训练，才能培养学生正确的体育与健康理念，健康的意义涵盖生理、心理和社会适应等多个方面，健康是人的一生中不该失去的财富，参与锻炼是每个学生的权利，要在锻炼中体验到参与的乐趣，在乐趣中培养爱好运动的兴趣，由兴趣形成积极锻炼的习惯，才会有健康的身心，才能有担负社会重任的能力。积极地分析学生参与课外体育锻炼的动机，才能因材施教，科学地组织体育教学。

一、高校学生课外体育训练或活动动机现状的分析

从目前的高校体育教学实践来看，学生必修的体育项目和选修的健身活动对学生参加课外体育活动没有显著的影响。第一，很少有学生把参与课外的体育活动作为必修课程，教学内容的继续巩固和选修科目有机的练习，也就是学生在参加课外体育训练或活动的过程中，没有主观的、自我的学习动机，只是简单地娱乐或为参加比赛做准备的训练。第二，一般的课外体育训练和活动的组织者，不考虑体育教学的同步练习和技能培养，只将课外体育训练作为知识课程学习之外的脑力劳动和体力活动的调整，从课外体育活动的组织角度来看，其动机不是课堂教学或专项体育项目学习的延伸。第三，课外体育活动大多数属于娱乐活动类的集体活动，可以进行专项技能自我巩固的很少，有的学校或班级的课外体育活动不仅千篇一律而且重复性很强。第四，出于健美瘦身的心理需求，女生参加的健美操之类的活动较多，男生则侧重于球类运动，参与体育活动的动机和体育课程的学习巩固无关。

二、休闲健身动机促使学生参加课外体育活动

近几年,在校园、社区的街头公园以及居民家庭和农村广场中,健身器材越来越多,体育与健美、运动与健康的理念深入人心,例如,广场舞风靡一时,经久不衰,适应了人们健美、减肥的心理需求。同时,在去参加广场舞的过程中,穿梭街道公园、林荫小路,犹如旅游,休闲散心,悠然自乐。高等学校不是一个封闭的场所,是开放的文化载体,健美、休闲的从众心理同样也对大学生产生了积极的影响,一些学生在课余时间学习交际舞、到校园的健身广场散步,或者组织同伴去登山、组织自行车赛等,其参与活动和组织活动的基本动机都是休闲和健身,有的为了排解不良情绪,注重休闲,因为良好的情绪,如欢乐、愉快、高兴、喜悦等,可以使人精力集中、记忆力增强、思维敏捷、动作协调,有助于提高学习效率,保持身心健康。拥有良好的情绪,就会心情舒畅,既能增强机体的活力,提高免疫力,又能增强机体的抵抗力,有助于人的健康。因此,当有愤怒、烦躁情绪或者与人产生矛盾、发生争执的时候,心情就不畅快,就可以到处走走或者到运动场踢一会儿足球,或者对着沙袋猛打一通,也可以跳入游泳池,来一个50米冲刺,通过运动,尽可能消耗体能,在能量的消耗过程中,不良情绪也就被释放、发泄、疏导了。研究表明,体育锻炼是消除不良情绪的有效方法和手段。有的就是为了获得健美的身材,课下多练健美操,有的就是消耗能量减肥。总之,休闲和健身是多数大学生参与课外体育活动或训练的主要动机,教师在教育教学的过程中,发现和掌握这个心理规律,可以有意识地进行指导,对学生的休闲、健身动机意识进行科学的规范。

三、社会交际交往动机促使学生参与课外体育活动

学生的课外体育活动多数发生在户外人群较为密集的地方,在参与活动的过程中,会有更多机会结交朋友,获得更多的理解和支持,大学生在走向社会后,不是进入与世隔绝的世外桃源,生活、事业中需要别人帮助、支持和理解的时候很多,因此,要学会处理人与人之间的关系,增强交际能力,具备与人交往的基本能力。在课余时间,爱好打篮球的大学生可以把伙伴集合到篮球场;爱好游泳的同学可以集体结伴去游泳等。在组织活动、参与活动中,需要指挥、需要引导、需要服从等,在简单的语言交流中,可以结识更多志趣相投的朋友,或者是不同系的,或者是不同班级的,由于有共同的爱好,素不相识的人可以成为无话不谈的好朋友,大家一起参加活动,分享活动的乐趣。结交新朋友或者把体育锻炼的技能教给朋友等都是参加课外体育活动的目的和动机,在参与

活动的过程中，通过与他人频繁的接触，拉近相互之间的距离，还可以得到更多的支持，相互鼓励、相互信任、相互合作。健身场地、运动场和游泳池等地方，是结识新朋友的场所，为学生创造了了解他人、尊重他人以及被别人理解、尊重和支持的机会，大家可以在欢乐中释放热情，获得友谊。在大学校园，学生的人际交往在课余时间或课外活动时间进行，课外体育活动又是常见的课余活动，掌握一项体育运动技能，就相当于掌握了一种与他人交往的手段，这将极大地提升个人的人格魅力。课外体育运动与音乐、美术、摄影、游戏一样，会促使学生虚心向别人请教，学习更多的本领，也会使学生主动帮助技能不如自己的同学和朋友，在与他人切磋技艺的过程中，获得有益的启示，在与他人交谈活动经验的时候，把体育活动变成了熟练的社交活动。通过运动技能的合作与配合，学生之间建立了情感，增强了了解意识。

四、心理放松想法促使学生参与课外体育活动

现在的大学生都有手机，都热衷于网上的生活和活动，随着社会竞争和生活压力的传递，大学生普遍产生了就业迷茫、学习迷茫或者压抑、悲观等消极状态，在互联网上自娱自乐和苟且得安的过程中，学生处于长期的自我封闭心理活动之中，人与人之间缺乏情感交流，从而产生了隔阂、精神空虚和多种心理障碍。部分学生由于学习任务重、学习时间长，或者沉迷网络游戏造成的不注意休息、熬夜，导致睡眠不足等，引起了慢性疲劳、情绪不稳、自主神经紊乱等，形成了性格孤僻、心胸狭窄、敏感多疑、胆怯多疑、多愁善感、自信心不足、自制力较差等不健康心理，在这种情况下，多数学生会选择一些户外的体育活动来放松身心，常见的有池塘边的散步、运动场上的载歌载舞、与同伴一起去登山等活动。教师在教育教学过程中，应注重发现学生的心理动机，把握机会，最大限度地组织集体课外体育活动，使学生得以尽情放松，精神得到振奋，使不良的情绪得以排遣，有助于学生恢复体力、消除疲劳、稳定情绪。一般组织简便易行的体育活动，尽量做到最大限度的娱乐性心理放松。

学生参与课外体育活动的动机是不同的，在教育教学过程中，教师要根据体育教学的实际需要，掌握和利用学生参与课外体育活动的各种动机，组织有益的和针对性较强的课外体育活动，一来有利于课堂体育教学的延伸、巩固和发展，二来能够提高学生参与活动的积极性和主动性，提高教学质量。

第二节　高校体育拓展训练课程教学

首先,概念。拓展训练是通过自然地域、体育设备,为参与者提供各种体验,进而感悟拓展训练蕴含的体育理念,再反思获取知识,通过行为改变,培养良好的心理品质,提升综合素质的动态教育模式。在高校体育课程中,拓展训练是处于特定环境条件、设定情景之中,通过身体活动载体,改善学生心理、身体状况,健全学生人格的体验式学习模式。

其次,特点。其一,综合活动。拓展训练项目,以体能活动为引导,引发意志、交往、情感与认知活动,具备明确的操作过程,促使学员全身心投入,具有综合活动特点;其二,挑战极限。拓展训练项目具有一定难度,主要表现为心理考验,向学员提出更难的极限挑战;其三,个体体现。在拓展训练中,主要为分组活动,提倡集体合作,进而体现机体个性;其四,争夺荣誉。在集体活动中,汲取巨大信息、力量,发挥所有个性特长;其五,高峰体验。克服困难,达到课程要求,获取内心胜利感与荣誉感,使人获得高峰体验。

一、高校体育拓展训练课程教学的必要性

在当今这个人才型、技能型、竞争型社会中,对人才素质的要求越来越高,为适应社会经济变化,在高等教育中,应以社会职业需求为目标定位,培养技术型、应用型的职业综合人才。针对素质教育,全面提升学生的知识水平、综合能力。而拓展训练作为人才培养的必然选择,为满足高校拓展训练教学的需求,在帮助学生掌握基础技能、理论知识的同时,还需培养学生合作探究、自主学习的能力,提升学生解决、分析问题的能力,进而使学生树立正确的价值观与情感观,促进高校和谐发展与学生全面发展。

二、高校体育拓展训练课程教学的优化对策

(一)课程目标

提升学生的实践、创新能力,形成与学生生活、科技发展的有机联系,提倡交流合作与主动参与,进而改进学习方式,在动手、动脑过程中,使学生的潜能得以充分开发,进而促进学生的全面发展。

(二)教学设计原则

针对拓展训练内容,在内容选择上,具有适应性与全面性、针对性与安全性原则。拓展训练的特有心理挑战、活动未知性、器械特殊性,均存在一定的

风险性。因此，在教学设计中，需将心理、身体安全放在首位，在教学课程设计中，安全是第一设计原则。同时，教学设计的针对性，指拓展训练在内容选择上，需结合学生的专业特点与自身特点，合理选择教学内容与场地器材，确保每个学生参与其中，进而有所提升。另外，拓展训练作为体育课程，应设置社会适应、心理健康等目标，遵循教学设计原则，使拓展训练的价值得以充分体现。

（三）课程基本内容

根据拓展训练的组织形式与特点以及高校师资、财力物力、场地设施等实际状况，与理论课、实践课相结合。针对理论课程，包含体育基本知识、拓展训练目的、训练功能与训练意义，结合运动科学知识，涉及运动损伤保健与安全教育知识。针对实践课程，包含基本素质、综合素质训练，对于基本素质训练，提升学生的社会适应能力和心理素质，使学生的潜能得以充分激发，进而提升团队领导能力。对于综合素质训练，提高学生的团体意识，增强学生的创新、应变能力，进而增强学生的组织协调、计划管理能力。

（四）教学条件

其一，师资配备。在拓展训练中，师资配备属于高校课程教学的重要条件，在常规体育课程中，拓展训练与其实施环节、教学手段与教学目的，具有诸多相似之处，利用身体活动体验，达到相应目的。与其他体育课程不同，拓展训练对体育教师有更高的要求。高校体育教师教学经验丰富，综合素质较高，仅需接受简单培训，加强教学方式与理论创新，进而拓展理论储备宽广度，就能胜任拓展训练工作。同时，体育教师的奉献精神较强，在拓展训练课程中，需认真设计、科学实施教学方案，为了增强教学效果，定期派教师外出学习与观摩，进而接受拓展培训，最大化教学效果；其二，场地与器材。拓展训练项目所需场地与器材较为简单，仅需10米平坦地，即使在雨天，室内也可进行训练。器械即矿泉水、乒乓球、废报纸、竹竿等，在教学目标中，可选择多个项目。有条件的学校可创建拓展基地，提供器材项目，采取市场化运作，有利于基地设施维护，增加学校财力；其三，教学评价。为提升学生的合作、团队意识，在拓展训练中，需采取捆绑式教学，拓展训练评价可选择教师评定、学生自评与互评方法进行评价。在教师评定中，可根据课堂表现、出勤、感悟、交流等内容进行效果评定。

（五）授课时间与授课形式

高校体育拓展训练，按照学校实际状况，通过灵活组织形式开展，可作为

必修课也可作为选修课。安排授课时间时，按照课程需求，选择最合适的项目，根据学生的兴趣爱好，在节假日、课余时间组织开展体育拓展训练。

总而言之，拓展训练教学作为体育课程，有利于弥补传统教育的缺陷，延展体育课程时间、体育空间，提高体育课程的趣味性与实用性，设立五维教学目标，做到健康第一，树立以人为本的拓展训练思想，与体育课程改革相适应。通过制订科学的课程目标，遵循教学设计原则，丰富课程基本内容，改善教学条件，促进体育拓展训练课程教学的发展。

第三节　高校体育教学和运动训练的协调发展

随着我国国民生活水平的提高，人们对生活的追求也发生了很大转变，而在目前，体育精神受到民众的一致推崇。因此，高校作为社会人才的主要培养机构，其体育教育也越来越受到社会的广泛关注。与此同时，现在的学习压力和就业压力较大，使得绝大多数大学生都不能够充分进行身体锻炼，从而出现了视力下降、身体机能下降、不正常的肥胖等问题，大大降低了学生的身体素质，对此，高校应该提高对学生的素质教育的重视，注重体育教学与运动训练，使大学生的身体素质得到提高。

一、高校体育教学与运动训练发展中存在的问题

在目前的高校体育教学中，存在教学内容陈旧、教学模式古板等问题，高校在体育教学中只重视学生的成绩，而忽视了对学生体育知识的教育和一些必备的生活技能的训练。与此同时，学生普遍对体育课不感兴趣，往往都是为了保证到课率，在期末考试时不挂科而去应付老师点到，在老师点到后则会以各种各样的借口拒绝参与体育教学活动。这就使得体育教学不能有效地开展。此外，高校体育教学在师资方面也存在较多问题。高校对于学校招聘的体育教师在学历方面的要求较高，但就我国目前普遍的情况来看，多数体育教师的学历并不能达到要求，这就导致高校出现了体育教师短缺的现象。在这样的情况下，就会出现一位体育教师兼教多个班级的情况，这就使教师在教学过程中不能兼顾每个学生，从而影响了体育教学的质量。

二、高校体育教学和运动训练的区别与联系

体育教学是指体育教学工作者使用科学、全面的教学方法指导学生进行体育方面的活动训练，并教授学生相关的体育知识，体育教学所包含的范围较广。

而运动训练则是指针对某项运动进行专项训练,如学生要参加某一运动项目的比赛,这时就需要通过运动训练来进行有针对性的训练,有效提高参赛学生的专业素质,运动训练是一个范围较小的概念。虽然二者所包含的内容有所不同,但是二者是相互补充、融合发展的。

三、促进高校体育教学和运动训练协调发展的措施

(一)提高重视,加强管理

高校要想实现体育教学与运动训练的协调发展,就必须提高对体育教育工作的重视,充分认识到体育教育工作的重要性。另外,高校还要加强内部全体职工的体育教育观念,将体育教育与运动训练协调发展的概念植入每一位职工和学生心中,从而使全校师生都能认识到此项工作的重要性。

(二)优化方法,合理教学

我们常说,兴趣是最好的老师。目前,大多数高校的体育课都只是徒有形式,其课堂内容并不受学生欢迎,因为教师在进行教学之前并没有充分考虑到学生的兴趣爱好与运动需求,这也就很难调动学生的积极性。因此,若想要提高学生参与体育运动的积极性,教师就应该对原有的教学方法进行优化,开展合理的体育教学活动。首先,教师可以在体育课堂上设置一些富有挑战性的体育训练项目来吸引学生的注意,还可以组织学生进行一些有趣的体育活动,从而进一步激发学生的兴趣,使学生主动参与到体育教学与运动训练中。其次,教师在教学过程中还要注重与学生的沟通交流,以便充分了解学生的喜好和需求,这样才能更好地制订符合学生需求的教学计划,提高学生学习的主动性。

(三)增强师资,安全教学

无论是哪一门学科,教师的综合素质对整个教育工作来说都是极为重要的,体育教学也不例外。因此,想要保证高校的体育教学工作取得良好的效果,就必须先保证体育教师的综合素质。所以,高校必须加强对体育教师队伍的建设,使体育教师树立正确的教学观念,具备高尚的道德品质。此外,由于体育教学与运动训练大都是在室外或体育馆进行的,存在一定的风险因素,所以,教师在进行教学时,还要注重对学生安全意识的培养,教给学生一些处理紧急状况的方法,增强学生面对危险状况的应对能力。

综上所述,就目前的情况而言,高等院校的体育教学中普遍存在课程质量不高、对体育教学缺乏重视、教学内容不全面、师资力量薄弱等问题,严重影

响了高校体育教学与运动训练的协调发展。而要改变这样的现状，高校就必须加强对全体师生体育教育观念的培养、师资队伍的建设以及相关制度的完善。这样才能有效提升高校体育教育工作的质量，从而进一步促进高校体育教学与运动训练的协调发展。

第四节 高校体育耐久跑的教学与训练

耐久跑是体育教学的重要内容，大学生进行耐久力锻炼对于培养其坚持不懈的耐久品质具有非常重要的作用。但是大学生体育耐久跑教学中出现了很多问题，本节针对这些问题进行分析，并提出一些解决策略，期望对大学体育耐久跑教学有所帮助。

一、大学耐久跑锻炼的必要性

（一）可提高身体和心理素质

耐久跑作为大学体育教学中非常重要的内容，不仅具有强身健体的功能，还能培养学生吃苦耐劳的品质。耐久跑除了可以锻炼大学生强健的体魄，还能培养学生的抗压能力，大学生毕业后就会面对外界激烈的竞争压力，要求大学生必须具备较高的耐受能力。耐久跑教学则可以培养学生的耐力和坚持品质，大学阶段的学生很多都处于自学、自己研究状态，通过耐久跑培养学生坚持不懈的品格，将有利于大学学生的后期发展。

（二）可消除学生的厌学情绪

大学学习中有很多学生处于散漫状态，一些学生甚至出现了厌学情绪，而耐久跑有利于消除这种不良情绪。另外，大学师生之间的沟通不多，造成了学生在学习过程中不愿意学习，教师在教学过程中也就缺乏了进行耐久跑教学的积极性。耐久跑可以充实学生的生活，使得学生在锻炼的过程中学习到事事必须坚持，让学生懂得只有不断坚持才能够获得成功。

（三）可改变大学体育锻炼的不良之风

大学体育耐久跑锻炼不仅可以达到提高学生的身体素质的目的，还可以实现对学生思想品德的培养，有利于促进大学体育的长远发展。大学体育教学中缺乏严格规范，很多学生在锻炼过程中出现了懒散、态度不端正问题，从而形成了大学体育锻炼的不良之风。耐久跑则可以改变这种不良风气，对学生和教练均是一种严格的考验。

二、高校耐久跑教学训练策略

（一）激发学生的学习兴趣

目前大学生在体育锻炼中出现了畏难情绪，若要提升高校耐久跑教学的训练水平，必须从学生兴趣着手，积极激发学生学习耐久跑的兴趣，让更多的学生参与到耐久跑训练中。高校应该通过学校交流平台，大力宣传耐久跑的优点，吸引更多人参与耐久跑运动。同时还要加强教师和学生的思想改革，让师生意识到耐久跑的巨大意义和重要性。

（二）创新教学方法和改良教学内容

传统耐久跑教学比较枯燥乏味，教学方法单一，难以让学生提起学习兴趣。因此在教学过程中应该积极创新教学方法，并对传统教学内容进行改良，使学生和教师在此过程中对耐久跑产生新的认识。在传统教学模式中，学生做完热身运动之后，教师就让学生开跑，如此反复下去学生很容易产生无聊、厌倦等情绪，难以在教学中取得效果。高校教师可以借助信息技术或者优秀教案进行教学方法改革，积极改良教学内容，让学生在学习过程中不再感到无聊，激发学生学习的兴趣，为促进耐久跑教学助力。

（三）加强师生交流实现多元化发展

通过加强师生之间的交流来促进教学多元化发展，教师利用授课时间或者课余时间和学生进行交流，对于学生的意见和想法进行总结，在今后的教学中注意做出针对性改变。如此教学才能满足学生的需求，毕竟在学习过程中学生才是主体，只有学生取得了优秀的成绩，才说明教师的教学有效，教师的教学水平高。根据学生的需求做出相应改变，同时还应尽量考虑到教学的现状和教学条件，尽可能为学生提供满意的教学服务。如今夜跑是非常流行的锻炼方式，在大学教学过程中教师也可以借鉴夜跑形式，让学生感受到不一样的体育锻炼，进而激发起学生学习的兴趣。通过师生交流教师可了解学生的真实想法，学生则可以通过交流表达自己的看法，这样教师和学生各取所需，在教学过程中积极做出改变。

三、创新训练以及效果评价

耐久跑的训练方法多种多样，一般而言耐久跑比较常用的方法有：走跑交替练习、匀速慢跑练习、轮流领跑练习和结对跑练习。走跑交替练习时必须按照教师的指令进行练习，如听取教师的口令、哨声、掌声等完成走跑练习；还

可以在训练中做对角线跑、蛇形跑以及 8 字形跑练习,也可定距离走跑练习,如绕足球场跑或者绕田径场跑等。匀速慢跑主要是让学生轻松协调地跑步,在跑步过程中齐声呼喊口号,直至跑完全程。轮流领跑则由 10～20 人一组进行集体跑动训练,排尾加速度跑到排头,然后整个队伍如此循环完成跑步练习。结队跑则需将班级学生分为几个小组,然后自己讨论跑步方法,按照规定距离全组协调一致地训练耐久跑。

耐久跑是大学中不太受欢迎的体育锻炼项目,由于耐久跑比较考验人的耐久品格,很多学生又缺乏这种品格,所以学生在选择科目的时候很少选择耐久跑科目。但是,耐久跑具有很多优点,对于学生具有很多益处,如可以提高身体和心理素质、消除厌学情绪以及改变校园不良锻炼之风等。因此,如何加强耐久跑训练,让学生学习到耐久跑精髓将成为大学耐久跑教学的重点。

第五节　大学生体育训练中的兴趣培养

素质教育一直是我国教育的重要内容,它既要求学生具备优秀的成绩,又要求学生具备良好的身体素质。因此,高校的体育训练有着非常重要的现实意义,它关系到学生综合素质的提升,但是通过调查发现,目前的高校体育训练开展得并不顺利,本节通过对高校体育训练培养学生的兴趣进行详细的研究,提出具体的对策,希望能够提升高校学生的体育训练意识和综合素质。

高校大学生的教育一直是我国非常重视的内容,尤其是体育训练这一方面。有的学生到了大学以后就忽视了体育训练,甚至经常在体育课上逃课。这充分表明很多学生对体育训练失去了兴趣,因此我们必须高度重视大学生体育训练中的兴趣培养。只有对体育训练产生浓厚的兴趣,学生才会更加积极地参与到课堂中。

一、高校大学生体育训练兴趣培养的影响因素

(一)教学环境对大学生兴趣的影响

21 世纪,是知识和经济迅速发展的时代,国家越来越重视教育事业的发展,尤其是大学生的教育。在高校大学生的体育训练中,教学环境有着至关重要的作用,有的高校受到教学环境的限制,如没有足够的体育训练场地、训练设施以及专业的体育训练教师等,所以学校无法为学生营造良好的体育训练氛围,更无法为学生的体育训练提供足够的物质保证,这使得很多学生丧失了对体育

训练的兴趣和积极性。

（二）体育教学内容单一，方式老套

通过调查可以发现，当前很多大学的体育教学内容非常单一，这主要是受体育教学设施的影响，不仅如此，很多体育教师在教学的时候应付了事，在设置教学内容的时候没有根据学生的兴趣爱好以及身体素质进行科学合理的安排，导致很多学生恐惧体育训练，而且教师的体育训练方式老套，教学方式仍停留在教师指导教学上，不够多元化，大大降低了大学生对体育训练的积极性。

（三）思想观念落后

体育训练对于学生来说具有非常重要的意义，它能使学生拥有健康的身体、良好的心理素质，还能培养学生坚强的意志。但是在当前的大学体育训练中，很多学生失去了对体育训练的兴趣，这主要是由于教师和学生对大学体育训练的重视程度不够。而且很多学生在大学生活中更多地将时间放在了玩耍和学习上，生活没规律，这就导致了学生身体素质的下降，落后的思想观念阻碍了学生参与到大学体育训练中。

（四）师资力量薄弱

师资力量薄弱也是影响高校大学生体育训练兴趣培养的重要因素。高校的体育教学离不开专业的体育教师，教师的教学经验、技术、职业素质、态度等都会对高校大学生的体育训练产生较大的影响，因此，想要培养高校大学生对体育训练的兴趣，学校方面就应当招聘综合能力较强的体育教师，教师自身也应当时刻保持一种学习的态度，通过教学实践不断完善自己的能力，从实践中总结经验教训，最终成为一名优秀的大学体育教师。但是，经实践调查发现，有的大学忽视了体育教师的重要性，师资力量十分薄弱，很多体育教师缺乏专业的知识技能，有的甚至没有相关的经验，这就使得学生很难信任体育教师，更无法对体育训练产生浓厚的兴趣。

二、高校大学生培养体育训练兴趣的具体途径

（一）高度重视高校大学生体育训练兴趣的培养

兴趣是最好的老师，它会激发学生主动进行体育训练的热情，因此各高校应当高度重视大学生体育训练兴趣的培养，加强体育训练课的目的和意义教育有利于激发学生运动的兴趣，体育训练的目的就是强身健体，教师应在课堂上将其重要意义告诉学生，让学生意识到体育训练课的重要性，然后对体育训练

产生浓厚的兴趣,并且积极参与到训练当中。总之,高校大学生体育训练有利于培养学生良好的心理素质,促进学生学习以及生活的顺利进行。体育教学与其他科目具有较大的区别,因为大学体育教学注重的是身体上的锻炼,语数英等更加注重思维的训练,而健康的身体和较强的心理素质能够更好地促进学生开拓思维。多样性以及竞赛的刺激性是体育教学的特点,体育教师应当充分利用其特点培养学生对体育训练的兴趣,然后通过定期组织体育活动调动学生运动的积极性,让他们感受到团队的作用和运动的快乐。通过这些方式,学生就会逐渐对体育训练产生兴趣,并且自主地进行体育锻炼。兴趣的培养是一个缓慢的过程,例如,我们可以将游戏融入高校大学体育训练当中。面对当前大学体育训练内容单一的局面,教师可以适当地将游戏融入体育课堂教学中,激发学生的兴趣和提高其身体素质。游戏教学能够为单一的体育教学内容增添趣味,并且营造和谐健康的学习氛围。

(二)引进新的体育器材,完善体育设施

近年来,我国经济呈现出较快的发展趋势,很多学校开始重视大学生体育训练,并且投入了大量资金购买新的体育器材,完善体育设施,这对于培养大学生对体育训练的兴趣是有极大的作用的。人们对体育器材进行不断的实践和改良,生产出的更安全、方便的器材受到广大群众的欢迎,大大增强了高校大学生体育锻炼的丰富性和多样性,既培养了大学生对体育训练的兴趣,又开阔了学生的视野,这对学生未来的生活和工作发挥了重要作用。

(三)适应时代的发展,将信息化技术带入体育课堂教学中

在传统的体育教学中,教师都是通过示范或者直接讲解的方式进行教学的,学生对于体育运动的概念或者相关的规则了解得并不是很详细,随着我国经济的发展,多媒体技术逐渐走进高校体育课堂教学中,有效地解决了传统教学方法中方式老套、内容单一的问题,大大激发了高校大学生对体育运动的兴趣。例如,教师在讲解排球的时候,可以事先将准备好的视频或者PPT展示给学生,然后一边展示一边对比赛的规则进行讲解,当确定学生都理解了之后,教师就可以带学生到操场上进行实际的排球操作,然后耐心纠正学生的动作,这种方式有利于活跃体育课堂的氛围,激发学生运动的兴趣。

我国高校的大学生体育教学关系到学生的身心健康发展,所以教师一定要认清当前体育教学的现状以及存在的不足之处,努力进行体育教学方式和内容的创新,适当引进新的体育器材,完善体育设施,为国家培养出具有综合素质的人才。

第六节 大学生跆拳道训练体系的构建思路

如今很多大学生都出现了体能下降的趋势，我国心血管患病患者的年龄也逐渐年轻化，大学生的健康问题令人担忧，提高大学生的体能，才能更好地提升其学习效率。通过实践教学，让大学生意识到跆拳道训练可以增强体能，提高身体机能，构建最适合大学生的训练体系，为大学生的身心健康发展打下良好的基础。

一、跆拳道训练对大学生的影响及必要性

跆拳道训练既可以使大学生提高速度、增强力量，又可以在训练的过程中使学生增加自信心、提高身体素质，经常进行跆拳道练习，能将胸部扩张，对于规范坐姿也有极大的帮助。体能对于大学生日常的学习生活来说尤为重要，保持大学生良好的心理素质，利用运动的方式缓解压力，不但能达到健身的效果，还能促进大学生的健康成长。

跆拳道是众多武术中最顺应时代要求的教育方式，与其他强身健体的健身方式有所不同，跆拳道在加强学生的体能训练的同时，将我国的礼仪修养及思想道德教育融入其中，这点需要大学生在日后的跆拳道训练中进行掌握。将跆拳道作为大学生修身养性的体育项目，在大学内部还可以组建跆拳道社，从激发学生的学习欲望着手，有效地锻炼学生的体魄，培养大学生坚持不懈的思想品格。

二、跆拳道训练的基本特点

（一）跆拳道训练的战术形式

跆拳道一般会遵从竞赛的需要，规定的攻击方式以脚法为主。在训练的过程中也可以用拳来进行防守，在进攻时主要用脚攻击对方被护具保护的腰腹部以及头部。训练时要通过用脚、拳来击碎砖头或木板的方式来进行练习，这种方式不仅能进行日常训练，还能运用到升段晋级中。跆拳道的基本战术形式主要是指为有序完成动作而采取的具体方式，利用最基本的技术规律与技术内容相生相克，为构成丰富的战术形式打下良好的基础。

①技术战术主要是指在比赛过程中没有假动作及虚晃的掩护，直接对对方进行直线进攻的方式。比赛者利用自己的技术特点及惯用的动作连招，随意变换战术，一步步地让对手毫无招架之力，进而将比赛的主动权掌握在自己手中，

取得比赛的胜利。

②强攻战术主要是指在对方的严密防守下直接进行攻击的方式,有效地利用强硬的方式进行进攻,做好充分的战术准备,但要强攻也需要战术,力求通过不断的强有力的进攻扰乱对方的视听,不给对手任何机会,实现对对手的有效攻击。

③重创战术是指用自己全部的力量给对方以重击,利用自己身体力量最强的部位进行对抗,再结合自身实际情况进行对对方的击打,使对手失去战斗能力。若自己的力量与技术不如对手,那么在比赛的过程中就不应该让对手拖延时间,耗费自己大量的体力,要找准时机,在遵守比赛规则的前提下,抓住机会给对方重击,起到震慑对手的作用,使对手在心理上产生畏惧,失去赢得比赛的能力。

④假动作战术是指利用虚晃的动作让对手无法判断真实的攻击目的的行为方式,假动作的本质就是将自己真正要做的动作向反方向进行,调动对方的身体动作,在对手来不及反应的时候找到胜利的突破点,乘胜追击。

⑤反击技术主要是指在对手率先发动进攻的情况下,破解对手的技术动作并及时进行反击。这样在比赛过程中便可以找出对手的薄弱环节,若能够熟练掌握战术,则可以在一系列的防守动作后对对手进行反击,进而获得胜利。

(二)跆拳道训练要求的基本特点

首先,在训练时要注意培养学生的战斗意识,想要提高学生的跆拳道水平,就要从根本上做起,通过对比赛规则的了解及战术布置来提高战斗能力。不但要加强基本动作的练习,还要组织学生之间进行比赛,在失败中总结经验,培养学生的临场发挥能力;其次,训练时要结合技术动作对学生进行教导,传授给学生多样化的战术。将培养学生的体能与智能训练、技术训练巧妙地结合,有效地提高大学生对跆拳道练习的积极性,使大学生的体魄更加强健。

①在跆拳道的训练过程中,对学生提出更高的要求,要求学生将所有学到的战术运用到实践中,严格遵守比赛的相关规定,不断提高训练质量。

②要求学生在学习了基本的战术后,从中精选适合自己的,在训练中运用选择的战术进行高强度的练习,根据动作训练中的特点与实战相结合。

③跆拳道的战术需要多个重要的部分组成,如学生的心理状况、身体状况和动作水平等,要将这些特点进行紧密结合。在训练中将掌握的基本动作与战术完美结合,可以使练习者加强专业技能的掌握。

(三)注重气势,发扬声威

无论在跆拳道的竞赛过程中还是训练中,都要求运动员在场上利用威严的气势给予对手强烈的压迫感。在比赛的过程中,规则中明确规定可以发出声音来提高自己的斗志,借用自己的气势来震慑对手,甚至在攻击对手的同时发出声音也会得到裁判的许可,在训练及比赛过程中可以利用心理战先占据优势,所以,进行跆拳道训练的同时要加强对发声的练习,通过强有力的发声与严格的动作训练,增加学生的胆识,在一定程度上提高其心理素质。

(四)注重礼仪训练,加强对学生道德品质的培养

跆拳道的练习者不管是在比赛还是训练的过程中都要注重互相鞠躬的礼仪。这是因为在跆拳道的学习过程中,要求学生将"礼"作为基本学习内容,即使是普通的训练也要保证以礼开始,以礼结束,充分体现跆拳道练习者的爱国主义。要求学生不仅要将动作技术的练习作为训练的首要目标,还要从根本上提高自己的思想道德素养。通过日常训练跆拳道的方式培养学生知礼仪、懂礼貌的品质,在遇见长辈或是教师的时候都能谦虚地行礼,通过跆拳道的练习有效培养学生互相学习、互相尊重的意志品质。

(五)训练时以刚制刚,以快制快

在跆拳道的训练过程中,教师教导学生的基本理念大都是直接进行身体接触,运用的动作技术也是以刚制刚,训练方式比较简单,没有十分复杂的战术,利用直线连续进攻的方式来得分进而取得胜利,利用脚法踢出连贯迅速的动作来攻击对手,防守动作也不是一味地躲闪,而是进行直接的格挡,在跆拳道的练习过程中要严格遵照以刚制刚,直来直往的方式进行训练。

三、大学生跆拳道训练体系的构建

(一)安排合理的教学内容

在大学教育中,学生的自由度较高,导致大部分大学生忽略了加强体育锻炼的意识。要想从根本上提高学生的身体素质,就要设立丰富的跆拳道课程激发学生的学习欲望。通过比赛的方式锻炼学生的体魄,培养学生坚韧不拔的品格。教师要将课堂节奏牢牢掌握在自己手中,不但要让学生学到相关的知识,还要适当地增加锻炼强度,达到提高学生身体素质的基本目的,这就需要教师对教学内容进行合理的安排。

（二）掌握跆拳道基本战术

①学生利用运动设备假设与对手实战，用沙包、假人进行攻击，利用教师教授的基本动作进行训练，主要是为了培养实战意识和掌握基本战术。

②从经典的跆拳道比赛中选取有特点的片段，从中学习优秀的战术。学生有不懂的地方要对教师及时进行提问，通过教师的详细讲解，加深对动作的印象。

③根据对手不同的情况进行模拟训练，若对手为防守型，就找出能够克敌制胜的战术，提高学生的随机应变能力及巩固战术的使用能力。

④严格遵照比赛的基本规定进行比赛，进一步规范训练中不规范的行为，有效地增加学生的临场比赛经验。将训练的难度提高一个层次，根据学生的水平来进行比赛，提高学生的专业能力。

⑤需要有一个配合者手持脚靶，进行技术训练，配合者将脚靶放在不同的高度对学生的出腿高度及速度进行训练，使学生的横踢水平及出腿速度有所提高。配合者还可以穿上护具，利用自身身体动作的变化锻炼学生的进攻及防守能力。

（三）通过跆拳道训练加强体育文化的培养

如今的社会需要德智体全面发展的人才，大学生作为未来社会最重要的人才储备，必须积极加强体育锻炼，提高学习能力。大学生在练习跆拳道的过程中，一旦出现技术、出腿速度、手法达不到预想效果的情况，就容易产生挫败感，在后期进行体育训练的过程中便会出现紧张的状态。教师要对学生的状态予以关注，要及时疏解学生心中的压力，使学生将重心放在训练上。通过对跆拳道的练习，提高学生的抗压能力，并且提高其心理素质，使其不要因为一点挫折就放弃，在跆拳道的练习过程中树立足够的自信心，使自己的体育技能稳步提升。

跆拳道不仅可以达到健身的效果，还能培养一个人的气质与礼仪。在跆拳道训练开始前，都需要做立正鞠躬等常见的动作，只存在腰带的等级不同，并没有高低之分，强调互相尊重。教师在教授动作时，不但要让学生学到战术要领，还要使学生体会到中国文化礼仪修养的博大精深，有效规范学生在道德方面的行为，保证大学生的身体素质有所提高。

（四）跆拳道对大学生体能的影响

大学生进行跆拳道练习能够在很大程度上提高体能，增强体能可以有效保障自身身体的健康和提高生活水平。跆拳道属于一种需要学生全身心投入的综合运动，要求学生培养稳定性及足够的耐性，有效提高学生的反应速度及随机应变的能力。当代大学生的体能下降问题越来越严重，如若不加以严格控制，就会导致学生的患病概率大大增加，为大学生的健康着想，大部分高校已经加大了让学生加强体育锻炼的宣传力度。但学生要从自身意识到加强跆拳道练习的重要性，跆拳道练习可以有效提高体能，长期进行跆拳道训练，有助于德智体全面发展。

跆拳道作为一项十分优秀的项目，不仅能锻炼大学生的身体素质、耐力和力量，还对大学生的健康发展有良好的作用。培养大学生掌握一项基本的运动技能，在增强大学生体能的同时，构建健全的跆拳道训练体系，提高大学生对身体健康的重视程度。

第七节 高校体育篮球课中体能训练的教学现状与优化对策

"身体是革命的本钱"，在学习、工作当中，良好的身体素质是进行各种活动的基础，因此我们应该首先拥有一个健康的身体。体育作为贯穿小学至大学的课程，应该在教学中得到很好的实施，以提高学生的身体素质，并为学生以后的工作奠定良好的身体基础。基于此，作为新时代的大学生，在体育课中应该积极地进行体育训练，而现在篮球课作为一门选修课程，各方面的原因造成了篮球课训练的无效果状态。为了改善这一状态，要在大学体育篮球课中进行有效的教学，从而提高学生的身体素质。

一、大学体育篮球课中体能训练的教学现状

（一）课程设计不科学

在目前一些大学篮球课的设置当中，依然遵循老套的设置规则，并没有随着篮球项目的发展而进行相应的改变和更新，进而导致在大学篮球课的课堂中依然是教师只教授给学生一些简单的运球以及投篮的技巧，对学生专业性的训练有所缺失，使得大学生的体能不能得到很好的提升。

（二）教学模式陈旧

体育篮球课在教学中具有其特殊性，语文、英语、数学等学科是在教室内进行教学的，而篮球课是在室外进行实训的。虽然是实训课，但教师在教学过程中也要采取有效的、适当的教学模式来教授学生相应的篮球技巧，学生才能

通过体育篮球课的学习使自身的体能得到提升,其篮球运动水平也会得到提高。但是现实状态却是在大学体育篮球教学中,教师依然采用传统的教学模式进行教学。在传统的教学模式中,主要是教师进行示范,学生练习,在课程结束前进行简单的课堂测试即可。通过这种学习模式,学生在篮球课中并没有学习到真正的技巧,体能也没有得到提高。因此,教学模式陈旧在大学体育篮球课中依然是需要解决的一个问题。

(三)师资力量不充足

由于学校思想观念落后,在一些大学中仍然会出现主课占用体育课的情况,一些大学甚至并没有聘请专业的体育教师来进行授课,所以会出现由其他学科教师代为上课的现象。师资力量的严重不足以及对体育学习的不重视,导致大学出现了体育课程缺失的现象。

二、优化大学体育篮球课中体能训练的教学对策

(一)重视体能训练,树立科学的体能训练理念

在大学体育的篮球课教学中,对篮球运动员最基本的要求便是体能素质,它对团队战术以及运动员的个人技能都有很大的影响。因此,教师应该在篮球教学中注重对学生体能素质的培养。例如,在篮球课教学之前先让学生慢跑几圈,一方面可以做一下热身活动,防止在教学过程中身体出现问题,另一方面可以锻炼学生的跑步能力,以帮助学生提升他们在球场上的运动耐力。基于此,教师应该注重在篮球课当中穿插进行一些锻炼学生体能素质的训练,以帮助学生提高身体素质。

(二)了解具体情况,制订有效的体能训练计划

每个学生的身体素质情况是不一样的,而篮球运动又对学生的体能要求很高,因此,教师在进行体能训练之前要对学生的身体状况进行了解,结合学生的实际情况制订相应的体能训练计划。例如,有的学生的身体素质本来就很好,可以在热身运动后对学生开展篮球运动相关技能的传授,而对于体能素质较差的学生则主要是进行体能素质的提高训练,训练之后再进行相应技能的练习,以使所有学生的体能素质都能得到很好的锻炼和提高。

(三)采用适合的体能训练方式与技巧

1. 耐力训练

一场篮球比赛对于运动员的体能消耗很大,因为除了篮球运动的高强度外,还有时间上的挑战。如果篮球运动员没有较强的耐力,是坚持不下来整场篮球比赛的。而为了避免在比赛场上出现这种情况,在平时的篮球课教学中,教师就应该有针对性地对学生的耐力进行训练。

2. 速度训练

在篮球比赛中,会在球场上出现不断变化的形势,而作为球场上的运动员,需要针对形势的变化快速做出反应,以及时调整自己,把握机会,进而赢得比赛。因此,教师在平时的教学当中,还应该注意对学生速度的训练。

基于对大学体育篮球课中体能训练的教学现状的分析,在目前大学体育篮球课的教学中确实存在一些问题需要解决,应在教学中采取适当的、合理的教学方法和模式,改善大学体育篮球课的教学现状,从而使学生的体能以及篮球运动水平得到提高,并且使大学体育篮球课的体能训练与教学现状得到改善。

第八节 体育教学中形体训练的价值与对策研究

随着社会就业竞争压力不断增大,大学生不仅要重视专业技能培训,还要加强身体素质的锻炼,现在很多大学生喜欢"宅",闭门不出成为生活常态。这种宅的生活不仅不利于身体素质锻炼,还会影响到今后的社会实践。爱美之心人皆有之,大学时代更是爱美的时代,不仅大学生爱美,社会也爱美,形体训练对提升学生的美感有重要的推进作用。

一、形体训练

(一)形体训练的概念

形体训练是一个综合学科概念,以提高身体素质为基础,通过各种附加训练,让形体及气质更富有美感。形体训练的基础是体育教育,在加强体育锻炼的基础上,以坚持美感为原则,进行特定训练,如舞蹈、瑜伽、健身等都是形态训练的内容,通过形态训练力争将锻炼后的身体美体现出来。应通过形体训练,让学生加强对美的认知和追求,为将来进入社会后的生产生活做准备。良好的形体训练可让学生进入社会后对生活充满激情。

（二）形体训练的内容

大学的形体训练具有基础性强、普及度高的特点，训练时以纠正锻炼者不规范的行、站、坐等为主要内容。形体训练基于体育，通过这些基础性锻炼，让大学生在日常生活中既可以进行锻炼，又能提高身体素质，进而规范锻炼者，使其在生活中让身体更加富有美感。

二、大学体育教学中形体训练的价值

（一）能够使学生感受美的能力得到提升

人们对美的欣赏是一种感知行为，通过视觉、听觉等的直观感知，来感受表现者所呈现的美。通过形体训练，让学生感受到形体美感，对培养学生的心理素质有较大帮助，学生只有感受到美，才会学着去追求美。例如，模特的T台美让人们感觉赏心悦目、心情愉悦，这种心情愉悦来源于观看者对接收到的美的感知。形体训练可以培养学生对美的感知，激发学生对形体美的追求。

（二）能够保障学生实现终身发展

形体训练不仅可以提高学生的身体素质，还可以对学生生活中养成的不良习惯进行纠正，例如，很多学生多年在学校养成了坐姿不端正的习惯，通过形体训练，可以纠正学生坐姿。有效合理的形体训练，不仅可以让大学生学会欣赏形体美，还可以激发大学生对形体美的追求，大学生在主动追求形体美的时候势必会改掉生活中的一些不良习惯，从而使大学生在进入社会时可以保持良好的生活、工作状态。身体是革命的本钱，形体训练可以帮助大学生认识到身体素质的重要性，养成良好的生活习惯，这可以让学生终身受益。

（三）能够使学生适应社会需求

当前社会竞争压力大是不争的事实，大学生进入社会势必会面临很大的社会就业压力，形体训练不仅可以提高学生的身体素质，还可以用身体美来提升气质美，很多用人单位在招聘时都要进行面试，试想下，同样技能水准下，一个应聘者懒洋洋，一个应聘者朝气蓬勃，面试官会青睐哪一个呢？答案不言而喻。形体训练是一种长期训练，训练内容涵盖各个方面。要想保持良好的形体，需要学生长期坚持训练，这无形中也是对学生意志力的一种培养，无论是就业还是创业，要想取得一定成绩，坚定的意志力必不可少，形体训练对学生意志力的培养大有裨益。

三、大学体育教学中形体训练的对策

（一）结合大学生的心理特点进行教学

大学时代是一个爱美的时代，尤其是女性在大学时代对美的追求更是强烈，在进行形体训练之前要激发学生对美的追求，训练内容要符合大学生的年龄特点，从健美操、舞蹈等受欢迎的内容入手，让学生可以尽快融入形体训练中，在训练中激发学生的学习热情。大学生是富有活力的群体，在形体训练中要激发学生的热情，鼓励大家相互监督、相互学习。

（二）对教学形式进行改变

教育内容要注意"男女有别"的训练特点，形体训练作为体育教育中的一种，与其他身体素质锻炼有一定差别，形体训练追求身体形态美，在教育内容上要注意学生身体素质的不同，如女生韧度强、柔软性好，更适合从舞蹈、体操等方面进行培养，可以让女学生不仅苗条而且具有活力，男学生力量大、柔软性较低，在锻炼时更应该注意进行整体训练，适当的健身、跑步等都是行之有效的训练办法。

很多大学生在长期的学习生活中，养成了很多不良习惯，如驼背，如果积极参加形体训练，通过芭蕾训练中的站姿练习和压腿练习，特别是后压腿练习，特别有助于增强背部肌肉力量，可以校正驼背。对这种具有科学性和针对性的教学方式进行应用，能够使学生对形体训练的方法更好、更快地掌握，进而对教学效率和质量进行有效提升。

（三）将教师的示范和主导作用发挥出来

在形体训练中，教师的形象对学生的训练有重要的指导作用，在实际教育中教师要注意对自身形象的维护，让自己的身体呈现出特有的美感，使自己活力充沛、精神饱满、富有激情，这样才能让学生直观感受到形体美，激发学生的学习热情。另外在日常教学中，教师要主动发挥作用，尤其是对初学者，要及时纠正其在形体训练中出现的错误，做好对形体训练的检查。

（四）课外学习和课内学习相结合

课堂学习对大学生的形体培养是不够的，在教育过程中要重视课外学习和课内学习的有机结合，大学生的生活是丰富多彩的，时间也较为充足，教师可以通过组织学生观看当地体操比赛或健美比赛等让学生感受到形体美的其他表现方式，以此来激发学生的学习激情。其中课外内容，应以扩大知识面、学习

更多方式方法为主,通过同其他学习者进行交流,让学生主动表达自己学习中的疑惑,让学生对形体训练有更深层次的了解,然后将课外学习的内容融入课内学习中,增强学生形体训练的效果。

(五)明确形体训练的目的

明确形体训练目的有利于培养学生对形体训练的热情,也是设计形体训练教育内容的重要参考依据。明确的目标可以督促学生进行形体训练,也是教师开展教学的重要参考。例如,一些学生想要让自己的站姿更加富有气质、具有美感,在教学中教师可以根据学生的学习目的,有计划地进行教学方案的制订,在教学过程中通过有利于规范站姿的训练让教育达到预期效果,让学生的站姿形态更加协调,站姿更有气质。而有些女性学生在进入大学后,减肥成为她们日常生活中的一个热门话题。针对这类学生,在进行形体训练时还应结合日常生活饮食习惯加以调整,从多个方面入手,将饮食和运动进行有机结合,先帮助学生制订训练计划,然后在训练中进行监督和答疑,并给予鼓励。

形体训练对大学生是大有裨益的,不仅可以提高大学生的身体素质,还可以帮助大学生在进入社会时更具有竞争力,良好的形体训练可以培养学生的意志力和对美的追求。只有学生喜欢美、追求美,才能让生活中充满美,这种美包括心灵美和形态美。形体训练是一项长期训练,并不能一蹴而就,这要求教师不仅要在形体训练时加强监督,还要结合大学生独特的心理特点,有针对性地开展相关教学并做好心理辅导。

第五章 大学生体育训练教学能力培养

第一节 大学生终身体育意识的培养

20世纪70年代末，终身体育随着终身教育思想的出现而进入人们的视野。《体育运动国际宪章》（1978）明确指出了保证"体育活动与运动实践得以贯穿每个人的一生"的重要作用。2007年，我国开始面向全体学生实施"阳光体育运动""全民健身"和"健康中国2030"国家战略层面的政策，需要我们用多种形式鼓励和促进学生终身体育锻炼习惯的形成。大学是与社会进行连接的桥头堡，是学生从学校进入社会的最后一站，是否有良好的生活习惯和锻炼意识，将直接影响学生步入社会之后的生活轨迹与锻炼行为。抓住大学生终身体育意识形成的敏感期，从大学体育课堂着手，促进学生强健体魄和良好习惯的形成，为造就社会主义新型人才提供有力保证。

一、终身体育的含义

所谓终身体育，主要是指人从出生、上学到就业、退休直至死亡的全过程中，始终从事体育活动。在未成年阶段是以被动要求为主的，在成年阶段则以主动参与为主。终身体育意识一旦形成，行为主体将会把体育当成自己生活的一部分，把体育锻炼放在与吃穿住行同等重要的位置。

二、大学生的特点

首先，大学生的身体处于最后的生长发育阶段，学生的心肺功能提升和骨骼发育等具有一定的空间，学生的耐力和力量、速度等，也均具有一定的发展潜力，如果方法得当，其身体素质能得到较全面的发展。其次，大学生的认知能力充分得到发展，能够清楚地认识到自己的优点和不足，并且能够采取相应的措施取长补短或扬长避短，以实现自我的逐渐完善。再次，大学生课程选择自主，可以自由安排学习和日常生活，具有充足的课余时间，能够从事自己感兴趣的活动。最后，大学生的自我管理意识逐渐提高，有明确的方向和目标，能够对时间进行有效管理。

三、培养大学生终身体育意识的必要性

（一）社会发展的需要

随着科技的进步，越来越多的社会人员利用科技和大脑进行工作，生活节奏快、工作压力大，人们逐渐忽视了身体健康的重要作用，导致了各种社会文明病的蔓延。高血压、心脏病、脑出血等高危型疾病出现年轻化趋势。如果没有健身习惯，很容易受到社会环境的影响，而产生各种文明病，从而降低工作效率，影响工作甚至破坏组织结构和阻碍社会发展。

（二）家庭和谐的需要

电脑的普及化和信息的网络化，使得现在家庭手机、电脑人不离手，减少了家庭成员之间沟通和交流的机会，影响了家庭氛围。有意识地参与体育活动，能够促进家庭成员之间的交往、沟通和理解，消除隔阂和代沟。

（三）个人生存的需要

体育锻炼不仅能促进大学生身体的生长发育，还能提高学生的认知能力，调节人的心理，释放压力，促进身心健康。通过体育活动与他人互动，促进学生的社会交往，有助于形成学生不畏艰辛、团结合作、奋发图强的意志品质和优秀的道德品质以及符合社会要求的行为准则。

四、培养大学生终身体育意识的方法

（一）优化课堂教学

要从实际出发，结合教师和学生的特点，开设大学生喜闻乐见的体育项目，激发学生对体育的学习兴趣。教师不仅要改革教学方法，还要与时俱进，采用灵活的教学形式和现代化教学模式，教会学生体育锻炼的科学知识，让学生学会锻炼。对于体能差、素质发展欠佳的个体要耐心指导，尊重个体差异。

（二）丰富课外体育活动

以班级为基本单位，结合年级、院系等集体活动的形式，开展多种多样的

校园体育活动，如举办体育知识竞赛、篮球年级对抗赛等，营造校园体育氛围，利用微信、网络社交平台、海报、板报、广播等工具，建设校园体育文化，提高大学生参与体育锻炼的积极性。

（三）突出课余训练

采用课外体育俱乐部或业余训练代表队等形式，开展校园课余训练，提高学生的运动水平。吸引具有某方面运动特长或者身体素质突出的学生参与课余体育训练，以此为宣传窗口，向大学生群体展示体育活动的魅力，发挥体育骨干在校园体育活动中的带头作用，带动更多的人参与课余体育活动。

（四）注重校园体育竞赛

发挥体育协会或俱乐部的优势举办各类单项赛事，以学校举办的面向全校师生的综合性体育运动会为基础，有选择性地参加校外各级别的比赛等，扩大校园体育的影响，使大学生产生从事体育运动的荣誉感和自豪感。

五、大学生终身体育锻炼意识培养的条件

（一）学校政策的支持

在国家大力推崇学生终身体育锻炼意识培养的环境下，学校应该根据自己的实际情况，制订与学生现实挂钩的具有现实可操作性的评价标准，促进学生积极参与课余锻炼。

（二）师资的保证

不仅要有足够数量的教师开展各类体育教学活动，还应该保证教师的教学水平能够胜任各项工作，引导学生积极参与锻炼，认识到体育锻炼的好处，体验到参与运动的乐趣。

（三）体育设施满足需要

要有充足的体育场地、器材、资金等，作为开展活动的保证。

第二节　体育教育专业学生教学技能的培养

相较于国外体育专业学生的教学技术和能力培养模式，国内该专业学生的教学技能训练与培养依然有较大的深挖潜能和空间，存在的问题也值得我们深入研究和思考。

一、当前国内体育教育专业学生教学技能训练与培养现状分析

随着教育教学体制改革的不断深化,虽然国内体育教育事业的整体发展水平有所提升,但是体育教育专业学生的教学技能训练与培养过程中依然存在着一些问题与不足,主要表现在以下几个方面。

(一)文字表达与语言能力训练现状

语言是思想感情的表达,也是人与人之间交流的主要载体。课堂语言的应用和表达技能,是体育教师必须具备的能力和素养,在体育教学过程中具有非常重要的作用。作为一名体育教师,在向学生传授知识、技能时,一方面要为学生揭示体育运动的内在联系和基本规律,另一方面要密切结合教材内容和大纲要求,对学生进行思想教育。然而,从当前国内体育教育专业学生的文字与语言表达能力训练现状来看,这一方面还存在一些问题与不足。例如,培养模式比较单一,而且教学内容和方法比较陈旧,很多学校对体育教育专业学生的培养缺乏重视。值得一提的是,国内部分高校相对而言在这方面有一定的优势,这主要得益于这些学校对学生有较高的要求,在日常学习过程中坚持学生中心主义教学方法,采用自主学习模式,主动获取教学技能。从实践来看,各高校的培养模式通过课堂提问和教案编写,提高了教学技能,在这一方面是有可取之处的。

(二)课堂管理及把控能力培养现状

体育专业学生的课堂管理能力培养,实际上是采用一定的手段和方法对课堂教学过程中会对教学效果产生影响的相关因素进行有效的联系和管理,从而使教学过程更加顺利。当前高校对学生这方面能力的训练与培养的现状如下:第一,在专业课上一般会安排学生至少体验一次做代课老师的感受,以此来锻炼学生组织、管理以及对课堂教学的把控能力。第二,部分学校会设置见习周,由学生观摩教师如何进行教学,待学生熟知了课堂流程以后,再分配给他们具体的教学内容;见习生个人组织、设计教学方案,并让教师对见习成绩进行评价考核。第三,学校通常会安排时间组织学生进行教育实习,让他们在教育教学实习过程中进行摸索和积累经验。第四,学校没有专门课程设置和文件,要求对体育教育专业学生进行专门训练和培训。学校的具体培养方式和方法,既有其优势,也有其不足,若想全面改善现状,仅靠上述培养模式是远远不够的。

(三)课程设计及落实能力训练现状

在体育课程设计过程中,必须综合应用本学科理论方面的知识,并且结合

实践操作，对授课内容、教学过程中出现的问题、解决方法进行优化设计。课程设计及落实能力，则是利用有效的教学手段和方法对所设计的内容意图全面贯彻和落实，并且将课程设计有效地转化为课程成果的能力。对于体育教育专业的学生而言，课程设计及落实和执行能力，是必须具备的素质，若想上好体育课，就必须做好课前准备工作，其中又包括课程内容、组织以及方法和管理等。然而现状是，虽然课前做好了准备，但是真正执行起来却因时间限制等而出现其手忙脚乱的现象，甚至有些学生因心理素质差而过度紧张，导致课堂教学难以正常进行。对于这些知识和能力而言，仅靠课堂上的训练和培养是不够的，还要为他们提供更多的实践机会。

（四）专业技能培养现状

扎实的技能是对体育教育专业学生基本的素质要求，除此之外，该专业学生还应当熟练掌握专业理论知识，指导教学实践。从当前体育教育专业的学生基本技能培养情况来看，主要表现如下：第一，专业课上，教师对学生进行基本的专业技能传授，重专项技能、轻综合技能教学和能力培养的现象非常普遍，学生理论与技能失衡；第二，各学校对此都有专门的文件指导和课时安排；第三，各学校教师对学生专业技能的培养方法、内容等过于单一；第四，在对学生的专业技能进行培养和训练的过程中，遵循教学大纲的要求，结合个人的实践授课，缺乏创新。

二、体育教育专业学生教学技能的培训策略

基于以上对当前体育教育专业的学生教学技能训练与培养现状分析，笔者认为要想加强学生专业技能的训练，应当采取以下措施进行针对性培训。

（一）针对文字表达能力的培训策略

①学生自己应当多参加具有积极意义的体育活动、讨论会以及学术交流和演讲活动，以此来提高个人的语言表达以及沟通能力。同时，还可以根据实际情况，组织策划相关活动，并以此来加强知识的积累与沉淀，通过强化实践训练，有效地连接和贯通教案编写、技术动作以及语言表达。

②教师可沿用传统的课堂教学模式，对学生所编写的教案及其能力进行检验和评价。在对学生技能进行培养时，也可借助现代多媒体技术手段，让学生在听觉、视觉上能够切身感受到教学体验，以此来激发他们的想象力和灵感。

③学校应当注重学生的技能培养。在设置课程、培养目标时，应当给予高度的重视，并且设置专门的考评体系，对学生加强锻炼和培训。同时，还要准

确把握文字表达能力的训练时机,引导学生学会迁移,加强举一反三能力的训练。在教学过程中,为学生创设情境,并结合实际情况和条件,为学生搭建平台。教师应当对学生进行适时引导,激发他们的兴趣和热情。

(二)针对课堂管理能力的培训策略

在实践中,学生应当不断学习实际教学过程中应用的相关知识和技能,不断提高自身的素质,并且将课堂组织教学与管理工作有机地协调起来,以此来确保教学目标得以实现。同时,教师应当组织学生进行观摩,采用多媒体课件,要求他们利用个人的思维去写观后感。就体育专业课上的快速、合理地组织队形以及口令训练等而言,应当安排好课时,进行专门的培训。由于学生的实习时间相对较短,实践经验非常少,这在很大程度上会对学生体育教学技能的形成产生不利影响。针对这一问题,笔者建议学校调整学生的实习时间,给学生留出足够的时间,提供更多的机会。学生应当注意个人学习态度的转变,养成自觉学习的习惯。同时,还要对学生进行区别对待,因材施教,使每一个学生都能体验到课堂教学的愉快。

(三)针对课程设计及执行能力的培训策略

以全新的理念和思想为指导,严格按照体育教育专业学生的技能培养宗旨和目标,对教学方案进行优化设计。在体育专业教学设计过程中,应当创设与内容有关的情境,以此来有效激发学生的兴趣;同时,还要对学生所学的知识以及反馈信息等进行思考,探寻更有助于学生教学技能提高的方法和手段。在此过程中,学校应当注重学生教学技能的培养和训练,以此来有效调整学生的课程设置,并在此基础上制订培养目标,从而使学生能够加强训练。对于学生而言,自身也应当注意加强理论学习,提高二次开发教材的意识和能力,以此来提高课程设计以及实施能力。学校方面也应当加大力度,创建更多更好的平台,目的在于培养学生的教学技能,为他们提供更多的实践机会。

(四)针对专业技能的培训策略

高校应当合理安排课程,不断优化课程结构,使其更加合理。同时,还要避免重专项技术培养,轻综合技能训练的现象,将理论与技术有机协调起来,实现二者的共同发展和进步。扎实的技能是以理论知识为依据的,应当不断更新和改进技术动作;基础知识是在专业技能摸索与实践中不断更新和整合的。虽然当前国内高校体育教育专业学生的专业技能有所提高,但是师生也应当不断提高和完善自我。通过加强理论知识的学习以及教育教学实习等方法,培养学生的技能，以此来有效提高学生的创新实践能力。教师应当不断改进教学手段和方法，既要满足学生的基本需求，又要进行创新。

（五）针对理论知识与教学创新能力的培训策略

体育教育专业的学生，应当认真学好专业技能和理论知识，并且将理论知识与实践结合在一起，注重二者的协调发展。同时，学生还应当端正态度，积极主动地参与教学。学校应当强化教学创新技能的培养，重视学生的创新发展；多组织学术交流会，并且为学生创新能力的展示提供平台和机会。学生应当将"考而学"的观念，有效转变成"学而学"。

体育教育专业的教师应当不断创新和改进教学方法和内容，从而使学生不断吸收新知识。纵观国内体育教育专业学生的技能培养情况，我们可以从以下几个方面着手。

从宏观方面来讲，国家、学校应当不断加大基础设施建设力度，以改善和保障学生的基本学习。同时，各个体育院校应当以培养目标为出发点，将学生教学能力的培养作为重点，培养符合社会需求的教育人才；通过改变传统教学理念、模式等，培养多能型人才。在此过程中，还应当构建科学、完善的考评体系，并确保评价体系的公正、公平，使其能够有效促进体育教育专业学生教学技能的培养与训练。从中观方面来看，体育院校应当注意培养目标的及时调整，并且设置专门的训练模块，以此来完善技能培养机制。学校还应当不断完善课程体系，不断优化课程结构。同时，还要改变传统的只重视专项技能培养而轻综合教学技能创新的模式，注重理论发展与创新技术之间的不平衡问题；建立系统、合理的考核机制，采用全面的评价方式和方法。各体育院校应当建立科学有效的机制，以确保教学技能考评制度的有效落实。从微观层面来讲，应当不断加强体育教育专业学生的教学技能训练和培训，制订合理目标，以此来提高学生的教学能力；采用微格教学方法，从根本上改变传统的单一教学模式。同时，还应当根据社会和时代的发展要求，不断创新和改进教学模式，以此来有效满足专业教学要求。在实践中，建议学校充分考虑延长实习时间，体育教学专业的学生可根据实际情况，自行组织具有积极意义、能使个人从中获取体育教学技能的活动，通过兼职和参加培训班等方式，来有效提高自身的教学技能。体育教学专业的学生，应当调整心态，加强个人教学技能的训练；努力提高个人的综合素质，从而使自己成为能力强、全面发展的综合型教育人才。

总而言之，在当前知识经济时代背景下，对体育学科的教育人才的素质提出了更高的要求，同时也对体育专业教学人才的训练和培养，提出了更高的要求。随着教育教学体制改革的不断深化,高校应当不断完善和改进体育教育专业学科的设置方式和内容,从根本上摒弃传统的陈旧思想,不断更新理念。这既是体育教育专业人才培养的基本要求,也是未来体育教学事业以及社会发展的必由之路。

第三节 网球教学与训练中的意识培养

社会经济的快速发展和教育体制改革的不断深化,为我国教育事业的可持续发展提供了重要契机与良好的社会环境。网球作为体育教学体系的重要组成部分,对学生运动能力的培养、肢体协调性的强化、良好心理素质的形成以及正确体育价值观的构建具有良好的推动与促进作用。其中,网球意识是学生及运动员网球综合能力提升的基础和关键,通过运动员自身的运动技巧、肢体行动等得到最大限度的表现。如果学生或运动员具有良好的网球意识,则可以在网球比赛、日常运动过程中根据现场情况及时准确地做出判断和反应,更好地发挥自身的网球技能优势。因此,在网球教学与训练中培养学生的网球意识,成为相关研究人员需要研究的重要课题。

一、网球意识的内涵及其组成部分

网球意识是学生、网球爱好者、运动员在实践运动过程中所形成的一种思维模式,能够在遵循网球运动规律的基础上对个体的网球运动行为进行有效调控,以此来进一步提高个体的网球运动综合能力。从本质上来说,网球意识是个体心理活动的重要表现形式,是个体在认知不断深入、能力逐步提高的过程中对客观情况所做出的反射性行为。网球比赛具有攻防兼收、变幻莫测、战况复杂、突发快速的综合性特征,这就要求网球运动员在比赛过程中能够根据赛场情况进行及时调控,以保证自身行动、战略战术、思维等方面的融会贯通。

网球意识是个体主观意识形态的重要标志,在个体的思维模式之中由多个内容组成,以此来为网球运动员服务,更好地提高自身的运动综合素质。第一,科学意识,运动员在网球运动专业技能的学习过程中,要精准掌握网球运动的客观规律,保证自身的行为活动、心理意识符合网球运动发展的客观规律,通过运动员专业理论能力的不断强化来进一步指导自身的网球运动实践,实现理论与实践之间的有机融合;第二,运动意识,从盯球、移步、击球等方面来提高自身的运动技能,借助运动员运动意识的不断增强来对行为活动进行有效指导,以保证自身技术水平得到有效提升;第三,辩证意识,在球场上来球的路径发生变化，运动员的打球动作也随之在变化，但是对于同类型的来球动作来说则是越固定越好；第四，战略战术意识，在实际训练和比赛过程中要及时制订与之相对应的战略战术，通过战略意识的融入来更好地指导网球运动，以便达到事半功倍的良好效果。

二、在网球教学与训练中培养学生网球意识的必要性

在网球教学与训练中培养学生的网球意识，可以促使学生加深对网球运动的理解，对学生运动意识的增强、综合技能的提升、终身体育观念的形成具有至关重要的现实意义。

一方面，在网球教学与训练中培养学生的网球意识，符合当前网球运动发展形势的客观要求。网球作为我国体育项目中的重要组成部分，在我国经济发展过程中得到了进一步发展，对推动我国体育事业的发展做出了巨大贡献。但是，与西方发达国家的网球现状相比，我国网球在发展过程中仍然存在部分问题制约和影响着其水平的根本性提升，群众基础相对薄弱，网球运动项目的普及方式不合理，尚未覆盖到社会经济发展的各个环节之中。同时，我国网球教育者及训练者的综合素养存在良莠不齐的现象，学生的网球运动意识和锻炼意识不足，进一步导致我国网球运动发展缓慢。面对此种状况，网球教育者要注重对学生网球意识的有效培养，促使学生将自身的思想意识更好地落实和践行在实际的网球运动之中。正如某些研究人员所说，网球比赛的胜利是"60%的意识+40%的体力和技巧"。

另一方面，在网球教学与训练中培养学生的网球意识，是促进我国网球运动事业长足发展的重要举措。在"阳光体育"的背景形势之下，越来越多的人走出室内的封闭空间来到阳光之下进行体育运动。而网球运动方式也可以为人民群众提供一种全新的运动方式，在体育锻炼、项目开展、活动实施过程中提高自身的身体素质，实现心理素质和身体素质两方面的双重发展。现阶段，网球运动之所以在我国社会经济发展中得到大范围的推广，与其自身的娱乐性、健康性、影响性等特征有紧密联系。在经济全球化和文化多元化的时代框架之下，人与人可以通过网球这一运动形式达到双方沟通交流的目的，从而满足现阶段人民群众精神文化提升的客观需要。借助这种内在驱动力，可以进一步促使我国网球事业得到全新发展，对我国网球综合能力的提升、体育竞争力的增强具有至关重要的现实意义。

三、网球教学与训练中的意识培养途径

（一）行为与意识相互统一

要注重学生网球技能行为与自身思想意识之间的有机统一，通过这种方式来进一步提高学生的网球综合能力，从而为网球教学与训练中学生自身意识的有效培养奠定基础。在网球训练过程中，学生应该积极主动地投入网球运动的状态之中，将自己的注意力全部集中在网球运动上，对来球、击球等进行细致的观察，实现两者的融会贯通。在网球运动开展过程中，如果学生已经感觉到网球的球拍与自身的手臂连在一起，而不再是两个独立的体系，则说明行动与意识达到了融合状态。对此，教师在网球技巧讲解过程中，要对运动要领、技术要点、动作细节进行重点讲解，在此基础上为学生分析如此运动的原因，以便学生在训练或者比赛过程中能够熟练掌握各项运动技巧，更好地提高自身在跑位、移动等方面的运动水平。

（二）设置目标，激发动机

教育者或训练者要以网球运动为基础，对教学目标及训练方案进行优化设计，通过行之有效的策略来进一步激发学生的网球训练动机，从而促使学生提高自身的网球运动水平。目标的设置可以使学生心甘情愿地接受训练过程中的艰辛，并且在伤痛情况发生时保持乐观向上的思想态度，直面困难，勇往直前。对此，教师要逐步引导学生树立正确的网球运动目标，保证目标的行之有效、真实清晰、客观现实，为学生网球行为活动的规范化发展做出科学引导，保证目标方向与行动方向之间的一致性。教师要充分发挥自身的引导启发作用，针对不同学生所采取的教学方案也不尽相同，教师要鼓励学生对自我有一个清晰客观的认识，在此基础上制定近期可以实现的短期目标，并通过短期目标的完成逐步朝着长期目标的方向前进。例如，在训练中将自己正手击球的成功率由此前的 50% 提升到 60%，借助这种目标设置的方式可以提高学生的操作能力，帮助学生建立网球运动的自信心。

（三）加强对学生互动意识的培养

要加强对学生互动意识的培养，加强教师与学生、学生与学生之间的有效交流，促使学生积极转变自身的网球学习理念，实现学生网球综合能力全面发展的重要目标。同时，要逐步提高学生对来球的预判能力，在训练过程中提高反应速度，以便在网球比赛过程中可以根据赛场的情况进行及时有效的预判，通过思想意识的传动对学生的网球行动进行有效的调控与支配，提升临场反应

能力。对此，教师在网球教学过程中要对传统教学模式进行创新改良，改变灌输式的教学方式，保证教学方案的制订具有一定的创新性和目标性，能够对学生互动意识的形成起到良好的推动与促进作用。同时，教育者要构建情境教学模式，促使学生在沟通交流过程中加深对网球专业技能的了解，以便积极主动地学习，提高学生的网球训练质量。此外，这种互动式情境体验的教学方式，还可以培养学生的集体意识、创新能力和思维意识。

（四）注重对学生意识品质的培养

应注重对学生意识品质的培养，使学生具备坚韧不拔的运动精神、百折不挠的奋斗意识，通过学生自身心理素质的高效提升来促使其带着一种饱满向上的心态进入赛场之中，使自身的网球技能得到淋漓尽致的发挥，甚至超常发挥。一方面，教师要根据学生的实际情况及训练特点制定有针对性的教学方案，在生本教学思想的指导下为学生安排相应的文化理论课程学习，让学生明确网球运动的规律、本质内涵、战术方法、应用技能等，并通过多种渠道和方式加深学生对网球文化知识的理解，如课后练习、随堂测验等。与此同时，在训练过程中加强其他领域文化内容的相应学习，如运动心理学、裁判法等，以便提高学生运动的综合素养。另一方面，要加强对学生心理方面的有效训练，培养学生的健全人格，通过对战术的不断学习能够促使学生提高自身的网球运动意识，借助认知训练、意志训练、心理调整训练等方式使学生的心理素质进入一个全新的发展阶段，为学生网球意识的培养奠定基础。

（五）加强对学生战术意识和能力的训练

应加强对学生战术意识和能力的训练，巩固学生基本的网球能力、运动技巧，并且在日常训练过程中勤加练习，制订有针对性的战略战术，以便在网球竞赛中处于有利地位，取得事半功倍的效果。教师要引导学生重视网球基础战术的科学训练，逐步提高学生基础战术的掌握能力和运用水平，其中主要包括两方面的内容，分别是个人战术、集体战术。只有这样学生才能掌握更为科学全面的网球战术，根据赛场的客观形势及时调整自身的网球战术，借助自身网球意识的指导来实现网球综合技能淋漓尽致的发挥。同时，在教学过程中教师要开展有针对性的战术专项训练，对学生的战术能力进行相应培养，保证各项教学方案有的放矢。此外，教师应通过团体训练的有效强化进一步提高学生的战术综合能力，充分利用网球比赛的互动性特点，为学生创设与网球比赛相对应的教学环节，以便提高学生的预判能力、应对能力，加快学生网球意识的培养进程。

综上所述,网球意识来源于学生的实践训练、比赛活动之中,因此,在网球教学和日常训练过程中,教师要注重对学生网球意识的科学培养,通过一系列有效的教学方案、训练手段、实践活动来不断提高学生的综合能力,优化学生的认知结构,更好地提高学生的网球意识。

第四节 体育教育专业学生体育专业能力的培养

教育部于2003年对全国普通高校体育教育本科专业提出了培养集学校体育教育教学、运动训练、社会体育指导及体育科研能力于一体的复合型体育教育人才的目标。经过十多年的实践,该课程方案颇受争议。其一,认为2003年的课程方案中培养复合型体育人才的目标太过复杂,定位不准确,不具备可行性;其二,质疑体育人才的培养规格,认为培养的体育人才"成色"不足。由于培养目标的多元化,以及体育教育专业生源扩招造成教育资源的稀释,导致学生的专业素养不足,体育学生的体育专业能力不能完全适应市场竞争和社会需求,就业压力增大。因此,有必要根据市场的供求关系反思可行的培养目标及人才规格,即学生需要具备怎样的体育专业能力,做到有的放矢,在有限的学习生涯中利用有效的教育资源培养社会需要的体育人才。当前社会的就业竞争激烈,同时社会需求呈现多元化趋势,学生就业渠道增加,压力增大的同时也带来了新的就业机遇。体育教育本科专业对学生能力的培养是基于体育领域的多元能力的培养。通过对教育部关于师范类院校的培养目标以及课程设置的统筹以及体育教育专业学生的求职意向进行分析,了解体育专业能力的真实构成,以期为当前的体育教学和学生需求能力的发展提供参考依据。

一、体育专业能力的定位

(一)从教育统筹看学生能力的培养

根据2003年教育部印发的《全国普通高等学校体育教育本科专业课程方案》可知高校对体育教育本科专业学生的培养目标、培养规格和课程设置情况,进而了解对学生能力的培养情况。在培养目标中体现了培养复合型能力人才的要求,即胜任学校体育教学、训练、竞赛工作,具备体育科研、体育管理及社会体育指导能力。通过对课程设置情况的分析可知,主干必修课程体现了对学生体育专业能力的传授。课程涉及体育人文社科、运动人体科学、运动技术、体育科研、运动训练、康复教育等。其中,体育人文社科类主要是关于体育教育规律、体育运动心理、体育社会学、体育教材教法等的体育专业理论知识；运动人体科学是关于人体解剖构造、生理生化特征、体育保健知识的介绍，是关于人体运动科学的基础理论知识；而运动技术类则包括田径、球类、体操和武术的理论知识与实践能力的教学，是学生获得运动技能的主要课程。体育科研、运动训练和康复教育作为一般必修课程来设置，但其重要性却不容忽视。教学是科研的直接经验来源和检验科研假设的重要形式，科研是教学的深化和提高。运动本身就是一种训练参与，通过机体对运动负荷的承受与适应，产生超量恢复，提高运动水平。对于有康复需求的群体来说，运动便是一种康复的手段，通过科学的练习提高机体的免疫水平。可见，体育教育本科专业学生不仅需要掌握体育专业的理论知识和技能，还需要在理论上进行深究，在实践上能够学以致用。必修课程共同承担了对学生综合能力的培养。

选修课程分为分方向选修课和任意选修课。其中分方向选修课划分了五个不同的方向，分别是体育锻炼手段与方法、体育教学训练、社会体育方向、体育保健康复和民族传统体育。任意选修课分为理论学科选修和技术学科选修。选修课程体现了各校办学的自主性，给各学校以充分的自主权结合社会本位和个人本位来设置课程，尊重学生的兴趣爱好。选修课程的专业理论范围广、跨度大，可以充分扩宽学生的视野，提高学生的能力。

由课程设置情况可知，对学生能力的培养是多元化的。在课程实施过程中要考虑到社会需求和学生的能力发展的一致性。对2007年高校毕业生就业与专业相关度的调查发现，体育类学生的工作与所学专业的相关度为58%，离校时掌握的工作能力为52%，可见课程培养目标与社会需求有一定的脱节。因此，针对性地提高学生的体育专业能力水平非常必要。此外，还要结合学生的就业取向和社会实际分流状况来确定学生基本需要的体育专业能力。

（二）从求职意向看社会的市场需求

从2005年开始，取消了对高等师范院校毕业生的"统包统分"分配制度，毕业生将面临双向选择、自主择业的就业压力。当前很多单位都采用竞聘上岗的选聘方式来选择人才。体育专业毕业生受专业特殊性、择业心理和社会需要等因素的影响，形成了目前较其他专业更加严峻的就业现实。据麦可思研究院撰写的就业蓝皮书，体育教育本科专业于2012被评为本科就业红牌专业，2015年被评为不容乐观的黄牌专业。在教育扩招的大背景下，毕业生端正择业态度，提升自身的专业能力有助于提升市场竞争力。体育教育学生进行就业选择时，专业是否对口成为考虑的重要因素。他们的求职意向分别为体育教师、警察等事业公务员、健身教练以及研究生深造。可见，体育教育专业毕业生的择业主要趋势是选择对口就业，其中教师依然是毕业生的首选，同时也是体育教育本科专业培养的主要目标。而健身教练这一职业也得到青睐，发挥了专业上的优势。这一现象源自就业竞争压力的加大，而健身教练为毕业生提供了一个良好的就业选择；此外，健身教练的酬劳也是一个非常诱人因素。研究生教育深造对体育教育专业学生的吸引力较其他专业小，因为体育生入学时要求具备较高的体育专业实践技能，而降低了对文化理论水平的要求。研究生考试对理论水平的高要求和录取比例的高淘汰率，让很多学生对报考体育研究生望而却步，但依然有少数体育生追求体育的高层次教育，每年的填报率和录取率也说明了这一点。从毕业分流来看，与体育有关的社会分流主要有中小学体育教师、健身教练、体育研究生深造、对体能和格斗技能有需求的公安警察等事业公务员以及其他教育机构的体育管理与培训工作从业者。从不同职业的能力需求来分析，体育教师主要具备体育教学的能力。当前的教育政策和评聘制度对体育教师提出了更高的要求，体育教师不仅要具备体育教学的能力，还要具备体育科研的能力和体育训练的能力。健身教练需要具备社会健身指导能力和运动训练的能力。体育研究生的能力需求是综合性的，不仅要通过研究生考试的筛选，还要具备今后的就业竞争能力，因此不仅需要体育理论知识，而且对体育教学、运动训练和体育科研能力都提出了严格的要求。体育教育专业毕业生的社会分流是多层次的，要求学校对学生的培养应是综合性的，进而满足社会对学生的多方位需求。

二、体育专业能力的构成

根据教育部对全国普通高校体育教育本科专业提出的培养目标，高校所培养的学生应具备学校体育教学能力、运动训练能力、竞赛组织策划能力、学校体育科研能力、学校体育管理能力和社会体育指导健身能力等，这一纲领性文件为高校提出了总的培养目标。相关学者也提出了体育专业学生的实践能力的概念和分类。通过对体育教育本科专业学生的求职意向进行分析，结合专家访谈交流，确定体育教育专业学生的体育专业能力包括四个方面，即体育教学能力、运动训练能力、社会体育指导能力和体育科研能力。学校体育管理能力和竞赛组织能力在教学、训练和体育健身指导中均有体现。这种能力划分一方面从属于教育部对各高校培养目标的要求，另一方面体现了地方办学的具体化和自主性。

（一）体育教学能力分析

体育教学能力主要从教学设计、教学实施和教学评价三个方面来阐述。教学设计能力是对教学活动的规划与统筹，是教学实施的依据和参考。教学实施是教学活动的主体部分，是教师与学生直接交流的环节，是知识传输对接的直接途径。教学评价是对教学活动实施过程与效果的评价，通过评价反馈，达到优化教学的目的。

教学设计能力主要分为掌握教材、熟悉项目、了解学情、制订教学文件、动作技术的整合五个方面。其中对教材、项目和学情的把握是制订教学文件的前提和依据。动作技术的整合是对教育者技术储备、技术运动特征把握和技术组合能力的考察，是操作能力的重要反映，是教学设计的重要部分。教材是教学活动的理论来源和依据，对教材的准确驾驭能力是体育教学活动顺利开展的保障。体育运动项目的多样性要求在教学中必须了解每个运动项目的特点，进而制订教学文件和进行筹备活动。学生是教学活动的对象，在进行教学设计时应充分体现学生的主体性。学生主体是多元化的，在教学中需要对学生进行全面的了解才能做到因材施教。教学文件是对教学工作的理论规划，对教学工作具有指导作用。教育者不仅要领悟教育方针政策和精神，还要具备以此来制订教学文件的能力。体育教学主要是运动技能的学习，技术动作是教学实施的内容，从而要求教育者对技术动作有一定的整合能力。

教学实施能力是教学活动的主要部分，是教学能力的充分体现，主要从创设教学环境、讲解与示范、及时纠错、保护与帮助、运用现代教学手段、教学组织和比赛组织及裁判能力七个方面来体现。良好的教学环境有助于教学活动的顺利开展，有形的教学环境是物质保障，而无形的教学环境需要教师来营造。讲解示范是体育教学的重要特色。对动作的及时纠错有助于正确动作的掌握，并具有对难度动作和危险动作采取有效保护与帮助的作用。现代教学手段对教学活动有很大的辅助作用，作为一种有效手段是当代教育者应该掌握的。教学应变能力是教师机动灵活处理特殊教学情境的能力。合理有效的课堂组织可以保证教学活动的有序进行，可以活跃学习氛围和提高教学效率。教学比赛在教学活动中经常使用，有助于提高学生的学习积极性，而比赛的组织与裁判能力是对教师的组织策划与评判能力的重要考验。

教学评价主要用于反馈提高，促进教学活动的优化。教学评价的能力主要包括制订评价标准、搜集分析评价资料和价值判断能力。

（二）运动训练能力分析

运动训练能力是运用运动训练学的科学理论知识指导运动训练的实践活动，是体育教育专业学生必须掌握的能力。主要从训练设计能力、训练实施能力和训练评估能力三个方面来评价运动训练能力的水平。

训练设计能力包括对训练对象的起始状态诊断和训练计划的筹划，包括竞技能力诊断、运动成绩诊断、训练负荷诊断、阶段训练目标的确立、训练周期的划分、训练课的筹备和队伍的管理方案的制订。训练诊断和分析是训练设计的开始，只有对训练对象的真实情况有客观的了解，才能据此制订科学的训练计划。运动训练的有序进行还需要制度保证，即训练队伍管理方案的制订。

训练实施是训练过程中的重要环节，训练实施能力主要包括运动选材、训练过程调控、训练计划调整、训练方法手段运用、技战术分析纠错、对受训者状态的实时调整、训练创新和处理突发事件的应变能力。科学的运动选材可以实现训练效益的最大化。

训练评估是对训练过程和训练结果进行的价值判断，包括对训练实施者和训练对象的态度、能力和训练效果的评价。训练评估能力包括评价标准制订、评价资料收集和价值判断能力。

（三）社会体育指导能力分析

社会健身指导是指在竞技体育、学校体育和部队体育以外的群众性体育活动中从事技能传授、锻炼指导和组织管理工作。社会健身指导能力是实践运用性技能。对社会健身指导能力的评价主要从分析诊断能力、健身实施能力和评估判断能力三个方面进行。

分析诊断是指导健身运动的开始，只有对练习者的身体健康状况有全面的了解才能制订科学的运动方案，进而实施运动方案。分析诊断包括体质监测评估分析、职业工种的损伤机理分析、不同运动项目和健身手段的效果分析。不同健康水平的练习者的运动需求是有差别的，不同职业工种对体能的需求以及引起劳动损伤的机理也不尽相同。因此，分析诊断能力就显得格外重要。同样，需要分析不同的运动项目和训练手段对练习者的适用性以及将会取得的健康效益。

健身实施能力主要包括运动处方制订能力、运动伤病的急救能力、健身指导和组织能力、运动表征的观察能力、预测与过程控制能力。

制订运动处方是健身指导的依据，是指导者综合能力的反映，应选择适宜的健身项目和手段对练习者进行针对性指导。对疾病康复人群的健身方法手段进行选择时应注意禁忌事项，对急性运动伤病应具有及时处理的能力。健身指导和组织能力体现了指导者对健身过程的控制能力。对运动过程中练习者的运动表征应具有观察判断能力，进而对过程进行监督和调控。对锻炼过程的预测可以判断运动的适宜度，进而实现健身效果的最大化和预防突发事故。

评估判断主要包括对练习者健身效果、对处方合理度以及对健身指导能力的判断三个方面。对练习者的健身效果进行科学的判断，进而评价健身实施的效果，同时针对情况对运动处方进行适当调整，使处方发挥最大的练习效益。健身指导能力的判断包括健身者的评价和指导者的自我评价，通过信息反馈促进健身指导能力的提高。

（四）体育科研能力分析

对体育科研能力体系的构建主要包括学习能力、科研实践能力和科研反思能力三个方面。不断地学习是科研的源泉，科研实践是科研能力的落实和体现，而科研反思是对科研能力的二次酝酿。

用自学能力和知识融合能力来说明学习能力的水平。自学能力是独立获取知识和能力的重要保障，包括对知识的理解能力、分析判断能力和选择记忆能力，对所需知识有基本的判断能力，针对性地选择识记所需知识并形成系统。知识融合能力体现了对所学知识的消化与吸收，主要包括知识的集成、思维的融通、知识的逻辑加工和知识的内化能力，只有充分内化才能在真实的应用中有所升华与体现。

科研实践能力主要包括发现问题能力、分析问题能力和解决问题能力。发现问题是科研的重要开始，主要体现为对文献资料的分析能力、信息的收集与筛选能力、对问题的透视能力、对事物发展的预见能力和科学选题的能力。分析问题的能力主要体现为逻辑推理能力、实验操作能力、论证流程及思路统筹能力、论证假设能力和思维发散与聚合能力。解决问题能力主要体现为独立决断能力、鉴别评价能力和实践成果应用转换能力。

科研反思能力是对已取得的科研成绩的再思考，包括对选题的新颖性、内容的前瞻性、方法的创新性、成果的应用性以及研究的可持续性的评价，通过自我反思，提升科研能力。

三、体育专业能力的培养

教育是一个系统性工程，具有一定的周期性和规律性。体育专业能力的培养不仅要遵循教育的一般规律，还要遵循体育专业能力形成的特殊规律。

（一）体育专业能力的培养原则

1. 系统性原则

体育专业能力是一项系统性的能力，各个子能力有共同的理论和技能基础，子能力之间相互支持和促进。体育教学能力、运动训练能力、社会体育指导能力和体育科研能力共同的理论基础是一般教育理论知识和体育专业理论知识；体育教学、指导运动训练和体育健身以及体育科研都需要运动的直接参与或者运动经验来实现。体育教学是运动训练和社会体育指导的基础，传授运动技能和教学技能；教学促进科研，为科研提供间接经验；而运动训练和社会体育指导是教学的进一步实践，更具有针对性和专业性。同样，科研可以提高体育教学、运动训练和社会体育指导的科学性。

2. 循序渐进原则

体育专业能力培养是一个长期的过程，各个子能力的形成有一定的周期性。因此，在实践过程中应因势利导，循序渐进地培养。体育教学是体育专业能力培养的主要形式，是学生获得知识、技能以及教学技艺的重要途径。在具有一定知识技能储备的基础上，运用教学技艺实现"学"而能"教"，传授相关体育专业知识并指导运动训练和大众健身。体育教学、运动训练和指导大众健身的直接经验构成体育科研的直接素材，经过加工进而升华到理论高度，从而实现反馈并指导教学、训练和健身指导。

3. 理论与实践相结合原则

在对体育专业能力进行培养的过程中，应坚持理论与实践相结合。体育教学很大程度上都是对运动技能和教学技艺的理论分解和示范，课堂上学生的练习时间有限，而运动技能的自动化需要不断重复练习才能实现。因此，教学的效果需要运动实践或教育实习来巩固和强化。实践出真知，理论源自实践，体育教学实践、运动训练和健身指导为科研提供理论源泉。正确的理论可以指导实践，运动训练需要科学的运动理论知识来指导。同时，教学、训练和健身指导也验证了科研理论的真实性。

（二）体育专业能力的培养策略

高校培养的体育专业人才应立足于社会需求，为社会大众服务。社会对体育专业人才能力的多元化需求，要求高校转变办学思路和人才培养模式，学生改变传统的学习观念，促进学生体育专业能力的全面发展，扩大择业口径。

1. 树立新型人才培养目标，完善人才培养模式

基于社会对人才的多元能力需求，学校应在遵循教育部对体育教育专业提出的培养目标的前提下结合地方特色转变办学思路，培养具备复合能力的体育专业人才。由传统的体育教育专业单一培养体育教师向培养体育教师、教练员、社会体育指导员和体育科研人员的模式转变。调整人才培养模式，促进学生体育专业能力的提升，重视基础理论与实践环节的结合，培养高规格的符合社会需求的体育人才。

2. 完善课程建设，培养综合性能力

课程的选择受教学目标的制约，综合性多元能力目标对课程的设置提出了新的要求。社会对体育人才的需求具有多元化特征，学校开设的课程应能培养符合社会需求的多种体育专业能力。课程的完善需要处理好几对关系：基础理论课程和体育专业理论课程的衔接，做到有效过渡与嫁接，注重知识的系统性和渐进性；理论知识和体育专业实践能力密切配合，体育专业能力只有紧密结合科学的理论知识才能有效地实现体育为社会服务。坚持科学的态度，加速理论知识对实践能力的融合与渗透；体育专业能力中的师范教育能力、运动训练能力、社会体育指导能力和体育科研能力相关课程的有效整合，体育专业能力中各子能力有共同的理论基础和技能支持，纽带关系强烈。在设置课程时，应整合有效的课程资源，用系统的眼光来统筹课程安排，避免无效课程和课程的无效重复。

3. 加强师资建设，提高教学水平

师资水平决定了教学效果。教师应紧跟社会发展不断更新知识，提高教学水平。通过体育教师能力水平的提高来促进学生体育专业能力的提高。要求教师对本学科知识做到系统掌握与灵活运用，对实践能力安排针对性训练，有效引导，促进学生综合能力的提高。

4. 转变学生学习观念，培养多元能力

随着体育类师范专业学生的不断增多，就业压力增加，以及社会对体育多元能力的需求日益显著，体育教育专业学生应转变观念，将就业的目标由学校转向有更多需求的社会。学生要转变学习观念，端正学习动机，注重知识的积累与转化，增加自身的含金量，创造更多的就业机会。

5. 加强实践能力培养，提高体育专业素养

教育实践是体育教育专业学生学习生涯中重要的一个环节。通过实践可以

巩固和强化所学的知识和技能；同时能检验所学的知识技能的科学性与有效性以及与社会结合的紧密度，促进对理论的反思。通过反馈来激发和促进学生有针对性地进行探究学习；教育实践可以锻炼体育专业能力系统中的各种子能力，实现各子能力的全面提高。

第五节 微格教学训练对体育教师教学能力的培养

微格教学有着常规教学无法比拟的优越性，是体育教学领域最受欢迎的教学方式之一。

一、微格教学的内涵及其应用于体育教学的必要性

微格教学被广泛运用于教师教学的技能培训中，"微"体现为上课微型，用少的教学步骤来教学，"格"在于细分教学内容，将复杂的教学技能单独放大进行训练，更具针对性，并非将教学内容进行十几分钟的压缩。微格教学作为一种培训教学技能的方法，将复杂的教学内容分解成许多微小的容易掌握的单一技能，分别开展教学活动。

微格教学能科学地将体育教师教学技能的训练与评估融为一体，是一种理想的提高体育教师教学水平的训练方法。近年来，国际上将微格教学理论应用到体育领域中，作为专门培养体育教师教学能力的尝试。我国体育教育界应用这一理论尚处于起步阶段。我国传统的教育方法使人们对体育教师教学技能的训练重视不足，体育教师教学技能的培养长期停留在观摩教学、同行听课等方式上，限制了体育教师教学技能的提高。要改变这种状况，尽快提高体育教师的教学水平，使教学方法个性化和多样化，就要有计划、有针对性地提升体育教师的教学技术，充分发挥微格教学的魅力。

二、微格教学培养体育教师教学技能的可行性

任何教师都必须具备两种知识：一是所教学科的知识，二是如何教的知识。一名合格的体育教师必须掌握全面的体育专业知识，并且能对体育教学技能进行更新，不断提高自己的教学能力。

（一）微格教学的优势

现代化的教学手段改进了落后的教学手段，课堂质量得以提高，培养方式大大创新。多媒体网络教学系统是一种安装了高速多媒体影音传输系统的计算

机局域网络系统，能实时传输视频、音频等多媒体信息，并能对这些信息进行可控处理，实现网上多媒体信息的传递和资源共享。当前是电化教育的快速发展时期，信息技术的运用推动了教育技术手段的提高。体育教师要善于运用幻灯、摄像机、视频、音频、手机等，懂得计算机辅助教学软件（CAI）技术，能够运用互联网等手段辅助体育教学。通过录像等视频手段进行课后分析与诊断，可以促进教师之间的交流与学习，提高备课质量。讨论并钻研教学方法，实现教案共享，可随时随地交流经验、总结不足，从而大大提高体育教师的教学能力。

从系统论的观点来看，课堂教学过程是由学生和教师、教学环境组成的相对闭合的活动体系，其中各项教学技能的运用均是其子系统。整体效应的产生，不仅取决于组成整体的各个要素，还取决于各子系统的效能。微格教学本身就是一个相对闭合的教学活动系统，而被训练的每一项教学技能即为一个子系统，所有子系统充分发挥各自的作用，整个微格教学就能显出最大功效。

（二）操作性强

全国教育发展数据统计，每年高等院校新进专职教师万余人，大部分是研究生学历。这不仅改善了师资队伍结构，还提高了整体教师的专业性。但由于教学经验不足，新进教师很长时间内无法提高整体教学质量。所以，在高校设计或组织教师培训活动时，需依据培训对象的现有教学能力和水平，设计不同的培训内容和方法，形成一个可持续发展的教师教学能力培训体系。

以往体育教师的培训往往依靠单向而非交互方式的进修学习，或是次数少且流于形式的同行观摩等带有局限性的交流模式。微格教学可以帮助体育教师实现有序的最小化教学，通过微格培训可以将体育教学实践中取得的成果和经验进行理论升华，大范围推广并运用于全体教师培训。随着增强全民体质健康意识的深入，自主学习和终身学习将成为体育教育的主旋律，体育教学的本质和方法也在不断发生变化。以往的说教化教学活动，不利于学生学习时口、耳、眼、脑并用，影响了课堂教学效率的提高。要实现从讲课到导课，从听课到看课的转化，体育教师必须明白体育教学不仅要使学生掌握知识，还要使学生学习技能，做到通过讲解理顺知识点，通过练习融会贯通。体育课堂教学需要多种变化，如语言的变化、动作的变化、师生相互交流的变化等，不仅可以活跃课堂气氛，还可以增强教学效果。

启发式教学的升华是学导式教学，这是新教学思想的具体体现。将体育教学由教师主导变为以学生为中心，达到新时期国家对大学生在体育课程方面的基本要求。把教师职能的重心转移到导上来，做到施教之功，贵在引导。

（三）对完善体育教师教学培训的作用

大多数体育教师所学的理论课与实践课只限于满足基本教学需求，并没有机会审视自己的教学技能。教学技能分为教学基本技能和教学特殊技能两大类。体育课的组织和实施是一个烦琐且复杂的理论体系，需要的专业技能包括良好的语言表达能力和动作示范能力、教学对话技能、教学导入技能、教学板书和强化技能、多媒体教学技能、反馈技能、教学组织技能、结课技能、说课技能、控制技能。这些技能都可以通过微格教学在实践中锻炼和提升。通过体育微格教学的动作强化功能，促进师生互动，进而强化教学行为；同时，指导学生相互影响，使学生通过参与达到提高能力的目的；通过变换信息的传递方式或变换活动等，使学生增强对某个问题的反应能力。

三、体育教学领域微格教学程序

（一）观摩示范

微格教学是对学生进行教学技能模拟训练的一项重要实践活动。在实施模拟教学前，学生应该系统学习微格教学的教学目标、教学技能、教学设计等内容。为了增强学生对所培训教学技能的形象感知，通常在训练前教师应提供形象生动和规范的微格教学示范片或教师现场示范，使学生对教学技能充分感知，深入理解。示范可以是优秀的典型，也可使用反面教材，但应以正面示范为主。由于一次试教训练所用时间短、学生人数少、只集中训练几个教学技能，所以，训练目的可以制订得更加明确具体。微格教学特殊的教学环境为实现培训目标提供了有利的条件，利于教师控制教学局面。

（二）确定培训技能和编写教案

训练前应确定具体的训练技能并编写好微格教案，每次教学建议集中训练一两项技能，切实做到理论联系实际。微格教学中的示范、备课、角色扮演、反馈和讨论等一系列活动，是教育教学理论得到具体贯彻的体现。被培训者在较短时间内学习一两个教学技能，可以集中精力，做到重点突出。难点和关键细节要在讲解中加以提示并强调，发挥微格教学的优势。

（三）语言技能的应用原则

从教师工作的职责和特点出发，运用教学语言应遵循学科性和科学性原则。运用本学科的专门术语，用词必须准确且合乎逻辑。语言简明可以结合动作进行微格教学，教学简明性更体现在体育微格教学活动中，对感染学生情绪，激发学生的审美情趣，丰富其思想感情均有推动作用。教师需要讲清动作要点，根据学生的年龄、兴趣、背景、知识水平、认知能力等有针对性地进行授课。同时，注意讲授的阶段性，控制好微格教学的时间段。

（四）评价反馈

评价反馈是微格教学中最重要的一步。在教师指导下，让学生积极参与，总结知识规律、动作要领，及时强化重点，明确关键。师生共同观看微格教学实况录像，先由教师进行自我分析，检查教学是否完成了预定目标、掌握了所培训的教学技能，也就是"自我反馈"，然后由指导教师和小组成员对其教学过程进行集体评议，找出不足之处。尤其是指导教师，应通过反馈学生的教学表现，重点指出其不足之处，督促其改正。评价反馈将为其下一步教学打下良好基础，提高其教学水平。评价反馈结束后，体育教师要及时修改、完善教案，准备再次教学。若第一次角色扮演较成功，则可以不进行重教，直接进行其他教学技能的训练。学生在这个过程中也可通过反馈，比较体育教学训练中知识点的异同，循序渐进地掌握教学要领，提高学生自学、自练的能力。一个阶段的教学任务即将完成时，教师通过讨论及练习等活动，检查学生对所学知识和技能的掌握情况，特别应注意多数学生对学习内容的反馈，不能以少代多、以偏概全，完成巩固阶段的组织教学。

微格教学开始于对教学过程的感性认识，然后到理性认识（教学技能的学习和研究），最后综合应用到教学实践中。从总体上讲，这种方法符合人类认识事物的一般规律。因此，作为一种新的教学方法，微格教学的原理与教学论、心理学理论是一致的。体育教学大纲要求体育教师与时俱进，不断完善知识结构、能力结构，从而提高体育师资队伍的整体水平，以适应现代教育的需要。微格教学作为一种新的教学方法，是现代科技和教育理论在教学改革中的具体应用。体育教育的微格教学在实施过程中要始终贯彻以学生为主体，以指导教师为主导，以训练为主线的原则，保证微格教学取得良好效果。不论是在教学行为规范化训练还是在培养体育教师教学能力上，微格教学都有着常规教学无法比拟的优越性，必将成为体育教学领域最受欢迎的教学方式之一。

第六节 体育舞蹈教学中美感的训练及培养

近些年,高校体育舞蹈教学广泛开展,随着健康生活被关注、全民运动的深入发展逐渐普遍化。而体育舞蹈作为一项综合性艺术,囊括了体育健美、舞台艺术及其舞蹈美感等要素,因其高艺术性与形式体态美而备受青睐。行云流水的动作、雅致柔美的形态、美妙动听的音乐、精致美观的服饰是体育舞蹈美感的核心要素,因此,提升学生的艺术审美能力,塑造美感并将美感具象化,是体育舞蹈教学的重点,值得高校深思。这就要求专业教师在体育舞蹈教学中,正确认识、深入挖掘、充分展示体育舞蹈的美感,强化学生美感的训练,培育学生的审美素养。

一、体育舞蹈教学中美感形成的决定因素

(一)良好的身体素质

体育舞蹈表演因具有高技术性、高技巧性,所以对表演者的要求也颇为严格,需要表演者将自己对舞蹈艺术的理解表达与情感寄托融入动作形态中,踩着音乐节奏,平衡表情与姿态,协调完成艺术创作。良好的身体素质是规范性动作的前提,与高标准高技巧性动作更是不可分割,也是表演者在舞台演出时高质量艺术创作的根本性保障。

(二)优良的音乐素养

音乐是舞蹈艺术创作的灵魂,一个优秀的表演者能够将自身融入音乐中,成为音乐的一部分,在音乐律动下完美展示体育舞蹈的艺术魅力。这就要求表演者要有优良的音乐素养,要拥有很强的音乐鉴赏能力,对音乐有着自己的认识和情感表达,表演时能够掌握舞蹈动作的快慢变化,把控旋律节奏的起承转合、抑扬顿挫,使舞蹈更具张力、活力、生命力。

(三)出色的审美能力

表演者的审美决定着体育舞蹈艺术创作的方向和效果。体育舞蹈中动作与音乐的协调一致,舞蹈服饰与舞者气质的契合都存在很强的审美表现。由此可见,出色的审美能力对一个优秀的表演者、一个体育舞蹈艺术创作何其重要。

二、体育舞蹈教学中美感训练和培养策略

（一）规范基础动作

动作是体育舞蹈表演时美感最为直接的体现。若是舞蹈形体动作不标准、不规范，就无从谈艺术、说美感，可以说，动作规范是追求美感的必要条件，只有动作规范了，才能在追求美感的艺术道路上不断前进。简言之，要想练好体育舞蹈，就要强化基本功训练，保证每一个舞蹈动作都规范。虽然初阶动作需要大量的重复的练习，无比枯燥乏味，但是却极其重要，需要百分百、全身心投入，勤学苦练，好好打磨自身记忆，做到每一个站姿、举手投足之间都美，把控好动作细节，将规范动作向美感层次升华。

（二）强化形体塑造

形体美是练好体育舞蹈的先决要素，一个优美的形体也是美感最为直观的体现。一个优秀的体育舞蹈表演者，会以高标准要求自己，塑造好自身形体。而如何通过形体训练塑造舞者形体，一方面，要提高身体柔韧度，可以针对身体不同部位，如腿、肩、腰等，实施侧重性、不同程度的韧度训练，并根据实际情况渐进式增加频率和幅度，以此增强身体韧性；另一方面，如果个人力量不足，会对舞蹈动作的顺畅度与活力张力产生一定限制，所以要通过对姿态、动作等的力量控制训练，来提升身体核心素质，增强力量。此外，舞者还需要严格地进行形体训练，培养出良好的气质。

（三）培养舞蹈乐感

在舞蹈表演中，舞步与音乐是协同合拍、和谐一致的关系，所以乐感培养在体育舞蹈教学中也不可或缺。如果舞蹈乐感不是很好，即使形体塑造得很完美，基础动作练得很规范，在体育舞蹈表演时舞者也会无法自如收放，难以和谐统一，就会出现动作别扭或不连贯的情况，这种情况在高校当中很普遍、很常见。所以，教师应该循序渐进地指导学生赏析音乐，先让学生理解音乐节拍规律、节奏调性，建立起音乐节奏感，再试着调动其自身情绪和感受，随着音乐律动，达到动作与音乐的和谐统一，强化学生对这种状态的体验。此外，还要激发出学生内心的情感，引导学生将心贴近音乐，专心聆听音乐，用心感受音乐，加深学生对音乐的理解和认识，深化学生乐感的培育。

（四）精通服饰搭配

表演有专门服饰可供选择，但如何选择服饰，合理搭配，让服饰与表演者

的形体、艺术气质相契合，展现美感，是体育舞蹈教学中尤为重要的一个课程。学生对这方面接触较少，未能有较为全面的了解，这就要求教师深入了解体育舞蹈服饰发展并熟知服饰选择及其搭配的含义，再对学生详细地介绍服饰文化和讲解选择及搭配要义，如以气质为依据搭配服饰、不同场合不同服饰、非正式场合要得体、庄重场合较华丽等，让学生能够深入理解，结合自身兴趣与认知形成自己独到的见解。

体育舞蹈教学中的美感不是一朝一夕就能形成的，也不是单靠一两次讲解、训练就能一蹴而就的。这就需要了解其决定因素，从规范动作、形体塑造、乐感培养、服饰搭配等层面着力，用高标准和高要求，从细微处着手，才能在体育舞蹈表演中深刻体验舞蹈的活力、张力、生命力，从而真正领悟舞蹈真谛。

第七节 羽毛球教学训练中创新能力的培养

在我国，羽毛球是非常流行的一种运动，在国际大赛上，我国的羽毛球健儿获得了很多冠军。另外，因为羽毛球运动所需要的场地不大，很多人将其作为一种重要的休闲和娱乐方式。为了让专业羽毛球运动员的水平提高，一定要重视加强羽毛球教学训练过程中的创新能力的培养，一定要打造完善的羽毛球训练体系。

一、因材施教，重视羽毛球训练的教学方法的创新

要想使训练人员的水平提高，训练方法的改善和创新是非常重要的。在进行羽毛球训练的过程中一定要对教学方法和手段进行创新，有效地完善羽毛球训练教学体系，先要对训练人员的情况进行分析，主要需要了解羽毛球受训人员的承受能力、体质和年龄。依据受训人员的具体情况合理地编排训练科目和内容，例如，如果羽毛球训练者的肌肉爆发力较弱，可以对肌肉爆发力进行专项训练，选择一些短时间、小负荷的训练内容，如果需要让训练者的耐力提高，则需要选择一些长时间、大负荷的训练。在完成训练之后一定要合理配置一些恢复性的内容，如补充营养、加强肌肉拉伸等。如果想要将肌肉块练出来，需要采取一些中途休息时间较短的大负荷训练，如果想要保持身材，在完成一组训练之后需要进入放松的状态。对于一些年轻的羽毛球训练者，不能进行强度较大的体能训练，一定要重视提升体质，在此过程中跑步是一种较好的方法，而成年人则可以适当使用大量体能训练的方式进行训练。

另外，羽毛球的技术性很强，一定要注意步法的练习，这样才能更好地掌

握击球动作的细节，再根据个体的实际情况，加强基本步法的训练。在训练过程中要注重教学方法的多样性。首先，可以利用多媒体让训练者观看三维动图，通过直观的场景让运动员感受羽毛球的步法和动作，从而更好地理解与记忆，也可以观看一些羽毛球纪录片让训练者了解羽毛球比赛规则的变化。其次，可以分组分层次进行教学，熟悉球性和基本步法。最后，多示范少讲解，教练员在教学中要从多个示范面让训练者看清动作。

二、重视心理和生理结合的教学方法，锻炼运动员的意志品质

在羽毛球教学训练的过程中一定要与教学心理学相融合，让运动员和教练员之间有效地进行沟通，关注运动员在训练过程中具体的心理变化，根据实际情况有针对性地开展训练。羽毛球的教学训练教练，一定要充分了解和掌握教育心理学的相关内容和知识，在教育心理学的帮助下，满足运动员在训练时的精神需求和心理需求，对不同运动员的特点进行分析，采取有针对性的专业训练指导，因材施教，有效提升运动员的专业技能。

在羽毛球教学训练的过程中一定要重视提升运动员的体育水平，这和科学的训练方法是息息相关的。为了让运动员的技能水平得到提高，一定要重视培养运动员的意志品质，这样才能提高运动员的训练积极性，增强羽毛球教学训练的效果。另外还需要深入分析和研究教学方法，不断创新，确保运动员的优势能充分发挥出来。

三、积极借鉴教学经验，改进训练方法

在教学的过程中还需要重视相互借鉴经验，有效改进训练方法，不管是教学理论还是具体的训练内容，各个体育项目都具有一定的相似性，所以在教学的过程中，还要重视将羽毛球教学训练的内容进行提炼，和其他体育项目的训练方法进行比较，相互进行补充，对训练方法和手段进行总结，相互比较，不断调整和创新，形成科学的训练方案，让羽毛球训练的方式得到进一步的改进。在羽毛球教学过程中可能会出现一些复杂的训练动作，一定要有效控制和调节训练的速度，增强教学训练的效果。另外，可以组织相关运动员对羽毛球比赛的录像进行观看，与实际教学相结合，对羽毛球训练过程中的相关动作进行讲解，让运动员的技术能力得到进一步提高。

四、重视教练员的水平提高，积极参加羽毛球教学训练的学术讨论会

在羽毛球训练教学的过程中，一定要重视提高教练员的专业水平，一定要

遵循"三从一大"的培训原则，让教学水平提高，保证教练员能够更好地了解和掌握训练过程中的运动负荷。另外，还需要重视提升羽毛球教练员的英语水平，加强对外交流，一定要将英语能力作为考核中的一个科目，及时更新培训内容，加快培训项目的细化，积极对教练员进行培训，让他们的训练知识得到补充，与时俱进，让教练员的个人素质和能力得以提高。另外，可以积极引入专业人士、退役队员等进行专业指导，让更多的羽毛球教练员能够享受到更优质的教学资源，得到应有的重视。

重视理论水平的提高，拓宽视野，积极参加羽毛球教学训练的学术讨论会，对各地的教学方法进行了解，积极进行交流，学习国内外一些优秀教练员的训练方法和训练手段，让自身的教学方法得到完善、补充和革新。交流会还可以起到联系教练员的桥梁和纽带作用，转变原有的教学方法，加大训练力度，对运动员的成长平台进行拓展，鼓励运动员多进行交流，对运动员的评价体系进行完善，指导训练，让专业化的羽毛球教学质量不断提高。

总而言之，要对羽毛球教学训练的创新能力进行培养，先要提高教练员的教学水平，另外还需要有组织、有针对性地进行多元化教学，积极参加比赛，在教学和训练的过程中，不断激发运动员的创新能力，提升运动员的专业技能，为我国羽毛球的专业化发展提供助力。

第八节　训练营与休闲体育专业学生核心能力的培养

一、休闲体育专业核心能力的确定

大学生核心能力是指大学生各种能力的核心，是其各种能力素质中最具特色、最强有力的部分，是相对于其他学生的比较优势能力。它是在一般能力基础上加以提炼和提升，形成的独有的，支撑大学生现在甚至将来的竞争优势，并使大学生长时间内在竞争环境中能掌握主动权的核心竞争力。学生核心能力的形成与该专业的人才培养目标紧密相关。

在论及休闲体育专业的培养目标时，国内各校大同小异，对毕业生能力的要求相对比较模糊。以最早开设该专业的武汉体育学院为例，该校休闲体育专业的培养特色在于培养的是"既具有较强的休闲体育运动技能，能够从事休闲体育运动指导与训练，又系统掌握管理、经济等方面的基础知识，能够从事休闲体育经营与管理的应用型人才"。开设文化传播、户外运动、健身指导三个专业模块的艺术类院校河北传媒学院则"旨在培养能够掌握休闲体育的基本理论、知识与技能，拥有休闲运动项目专长，具备把握休闲体育活动规律和洞悉休闲体育市场的能力，能够从事休闲体育活动管理指导与推广、体育旅游与开发、休闲体育产品策划与设计、相关专业教育教学等工作的应用型人才"。传统师范院校淮南师范学院培养的是"具有休闲体育活动实践指导、健身俱乐部经营管理、休闲体育活动组织策划和休闲体育教学培训等能力，具有高度社会责任感和重实践创新的高素质应用型人才"。地方院校的培养方向则更加广泛，常州大学希望毕业生可在休闲体育相关企业、政府或公益机构、休闲体育事业机构、大型国有企业等单位就业，培养"具有组织管理、实际运作、开拓创新能力的休闲体育的领军人才"。

英美等国的培养目标主要是培养休闲体育、健身健美、娱乐竞技体育等体育休闲娱乐业指导、休闲俱乐部经营与管理、休闲体育场所规划与布局设计等领域的应用型的管理人才。我国台湾地区将美国运动与休闲教育模式融入本土，发展相对较早，目前已基本成熟。在本科层次上偏重应用教育，以管理方向为培养重点，在研究生培养中，以运动与休闲教育的师资人才和高级管理人才为主。以台湾师范大学为例，明确将"体育、竞技、运科、运休及餐旅专业学科知识能力，体育运动行政实务规划及执行能力，体育运动相关证照考取能力，指导及推广体育运动相关活动能力，体育运动学术研究能力"这五种能力列为基本素养和核心能力。对比我国大陆地区休闲体育专业的要求，台湾地区的要求更易懂、更清晰，也更具可操作性。

结合国内外关于休闲体育专业就业能力的要求，休闲体育专业的学生应该至少具备三个层面的能力：在技术层面掌握熟练的运动技能，可以胜任大众健身、高尔夫等休闲体育运动的指导；在管理层面具备扎实的组织管理能力，可以从事活动的组织管理以及活动场所的运营管理；在理论层面具有一定的理论积淀，可以胜任新产品的策划和研究工作。

二、休闲体育专业训练营开设的必要性

训练营是为达到一定目的而集中开设的短期强化课程。在社会知识快速更新的背景下，越来越多的课程采取训练营模式，如社会上热度不减的减肥训练营、口语训练营等。在休闲体育专业开设系列训练营，是与其专业人才培养紧密结合的。

（一）休闲体育专业学生学习习惯不佳

目前休闲体育专业所招学生均为通过"专业考试＋文化统考"进来的学

生,他们在高中阶段文化课成绩不佳,学习能力不及文化考生。进入大学时,文化课成绩也只有同等分数线的60%～70%。因此,他们进入大学后,只想学习专业课,对于公共文化课的学习普遍吃力,不感兴趣,特别是外语、数学等高中基础课程。他们的厌学比例很高,"厌学"与"阶段性厌学"的比例高达76.90%;厌学程度也相当严重,"很重"和"较重"比例高达46.50%。而在体育生的日常考核中,无论是日常专业课程,还是专业技能赛事,专业技能优秀的学生更容易获得认可和发展机会。因此,很多学生认为只要专业优秀,自己就是最优秀的。所以,他们更加不重视文化课学习,学习能力越来越弱。

休闲体育作为体育学和休闲学的交叉学科,社会对休闲体育专业人才的需求不再是简单的健身教练或者社会体育指导员,而是素质全面的复合型的专门应用型人才。当前社会需要的休闲体育专业人才不仅要能在休闲体育项目上指导那些需要休闲体育技能的民众,还要具备一定的经营管理才能和对新兴项目的学习能力。而长久的可持续发展、更高层次的发展正是取决于他们的学习能力,这恰恰是他们最为欠缺的。当前流行的时尚运动,多从国外而来,休闲体育专业学生的外语成绩普遍不好,多怀有怯懦的心态。学习这些运动,如果完全依靠别人翻译的文献效果会大打折扣,甚至会错失许多发展机会。选择训练营课程,则可以较好地解决问题。集中时间强化训练他们的学习能力、时间管理能力等,时间短、内容丰富,又富有变化,比较容易引起他们的兴趣。

(二)休闲体育项目更新速度快

休闲运动是在社会快速发展中兴起的,也会在社会的进一步发展中进一步丰富。当前不少院校开设的高尔夫、户外旅游、健身健美等课程都是近年来社会关注度和开展程度比较高的运动项目,一些有条件的院校则已经在开展皮划艇、帆船等水上项目,而这些运动在数年前则不被人看好。我国当前处于社会转型时期,休闲体育项目的基础设施、参与人数、更新发展速度都是空前的,一些新的休闲运动项目也正在兴起。从发达国家和我国台湾地区的经验来看,随着人口老龄化的推进,老年健身项目一定会成为社会的热门关注,国内还鲜有高校涉及,具有广阔的发展空间。

休闲运动技能是学生就业的根本与保证,也是立足于休闲体育产业市场的关键。休闲体育产业市场的竞争形势瞬息万变,扎实娴熟的休闲运动技能是立于不败之地的重要条件。多掌握一门项目技能,就多了一种立于不败之地的资本。但无论当前学校开设何种项目,都不可能穷尽社会所需要的休闲运动项目,在现有的教学大纲内也不可能为学生提供如此多的选择。而在社会上,休闲运动一般是高薪阶层的活动，社会培训机构动辄上万的培训费用让不少学生望而却步。此时，通过训令营的模式让学生学会项目的初步入门技能，让其以后自行摸索进步，成为比较合适的补充选择。一是可以弥补专业教学的不足，让自己掌握更多的休闲项目技能；二是可以让学生面对瞬息万变的休闲产业市场始终保持紧迫感，不放松对自己的要求。

（三）休闲运动参与对象的要求

目前参与休闲运动的人多为城市的高薪阶层，他们有一定的经济基础，视野开阔，处在时尚运动前沿。他们兴趣广泛，从世界大事到民生问题，无一不是他们谈论的话题。如果要与他们有很好的沟通，必须要与他们的视野保持在同一水平上，否则就会留下"头脑简单、四肢发达"的印象，错失机会。在现实的发展中，也确实如此。以户外运动为例，目前比较优秀的户外机构创始人或领军人物多为非体育专业出身，如孙斌、曹峻等。在教学过程中，任课教师也发现了类似问题，认为应增加通识课程的比例。

从当前休闲运动的运作模式来看，基本上也是训练营模式，即在短期内对休闲运动的爱好者进行入门或强化集训，培养其爱好，发掘潜在人群。学生在校期间，利用训练营模式对其进行科学技能或综合素质课程的强化培养，可以让其更好地了解训练营的运作模式，在毕业后实现工作的无缝对接，更好地适应工作岗位的需求。

三、"训练营"的设计与实施

如前所述，休闲体育专业学生需要具备熟练的运动技能、扎实的组织管理能力、新产品的研发能力这三项核心能力。根据学生特点及每一阶段的不同任务，设计了不同类别的训练营。

（一）一年级学生特点、任务及配套训练营

大学一年级的学生，对自己、对未来充满了信心。一方面，他们成为各种校园文化活动的参与主体，给校园注入了无限的生机；另一方面，面对新的环境、新的同学、新的老师，离开了父母、亲人独自在学校生活，他们表现出明显的不适应性，这包括对环境和学习的不适应。因此，独立能力的培养是他们的重点和难点，尤其是独立学习能力的培养。大一的学生，思想上处于最活跃的时期，同时也是最脆弱的时期。对于未来的目标，绝大部分学生是比较模糊的，这恰好体现出他们具有很强的可塑性。

这一阶段训练营的目的在于重点培养学生的独立生活能力，逐步消除其家

庭依赖感；引导学生寻找适合自己的学习方法，养成良好的学习习惯，树立专业学习的信心；初步确立结合专业的规划目标，并落地实施。可配套进行的训练营包括激发学生热爱生命、感恩父母的生命教育成长训练营，培养学生学习能力的新生学习训练营，适应大学生活的新生适应训练营，学习与人沟通的人际交往训练营，认识专业的休闲常识训练营等。

（二）二年级学生特点、任务及配套训练营

大学二年级的学生已基本了解大学的学习特点，有一定的自学能力，开始较多地接触专业理论的学习。随着大学生活神秘感的消失，他们较多关注自己的目标，主观性很强，但对于很多问题欠缺缜密的思考，常表现出一种年轻人常有的冲动及"三分钟热度"，这一点在休闲体育专业学生身上特别明显。随着学习的深入，部分学生对越来越多的运动项目感兴趣，但又不知从何下手；部分学生开始觉得专业学习无所谓，自己将来也不从事与此相关的职业，热衷于经商、兼职、谈恋爱等，对学习抓不紧，成绩下降明显。

这一时期的训练营应以引导学生全面掌握基础理论为主，结合休闲体育专业的特点，让学生在当前流行的体育项目中找出1～2个感兴趣的项目，同时开展有创意的活动，激发学生的创新意识，让其对专业有更为深入的了解。可以配套进行的训练营包括旨在让学生学会管理时间的时间管理训练营、培养学生基本领导力的领导力训练营、培养学生水上运动兴趣的泛舟训练营等。

（三）三、四年级学生特点、任务及配套训练营

大学三年级是关键的一年，学生的思想日趋稳定，对今后的规划也有了大致的方向。大三学生应根据自己的兴趣、爱好以及理论基础的掌握情况，在众多专业技能课程中选择未来发展的"突破口"，进而有针对性地培养自己的职业素养和职业能力。配套训练营包括职场训练营、礼仪养成训练营、让学生学会自我情绪管理的情绪管理训练营、学习国学知识的传统文化训练营、了解西方文化常识的西方文化起源训练营、训练初步科研能力的学术训练营等。

大四学生的行为和思想基本定型，此时的核心任务是就业或深造，因此，重点是岗前培训和创业创新训练，引导学生充分客观地认识自己，在进入社会之前，把该补的知识补回来。可以配套的训练营包括职业规划训练营、社会适应训练营、创新能力训练营等。

四、目标意义

训练营是短期的、灵活的，可以根据时间和内容做必要调整。采用这一形

式，可以将需要掌握但又不能尽数容纳的个性课程、人文通识课程以训练营的形式展现，是一种有益的教学补充和探索。同时，训练营模式将选择权还给学生，让学生带着兴趣去学习，必然会提高其对自身的关注，进而达到促进核心能力提升的目的。

第九节　体育特长生的教育和培养

随着高考制度的改革，在文化课成绩和体育专业能力等各方面对高中体育特长生的要求越来越高，过去老一套的训练思路和方法，已不再适应当前高考形势的需要。各学校对于体育特长生的培养，必须更新观念、转变思想，探寻出培养体育特长生的新思路，才能做好体育特长生的培养工作。

一、明确培养体育特长生的重要性

培养体育特长生是高中体育教学的主要工作之一，也是向师范院校、体育专业院校以及国家、省体育训练队输送优秀体育人才的主要途径。以笔者所在的学校为例，业余训练队每年都要代表本县参加省、市的体育比赛，并且取得较好的成绩。一是提高了学校的知名度，二是以此为契机培养了一批批体育特长生。因此，学校要结合本校学生的实际，组织开展好体育特长生的培养。

二、明确体育特长生的培养目标

一是通过对学校体育特长生的培养，提高其运动水平和能力，组建学校业余代表队，代表学校参加各级各类的体育比赛，为学校争得荣誉，提高学校的知名度。二是把握好体育特长生的培养方向。学校对体育特长生的培养，不仅是为了代表学校参加各级各类比赛，更重要的是，为师范院校体育专业、体育院校、高校以及高水平运动队等输送体育人才，使他们毕业后升入高一级的学校继续学习和深造，将来为祖国争光。

三、体育特长生培养的策略

（一）做好选材工作

一是选拔那些对体育运动有一定兴趣的。二是选拔那些具有较突出运动能力的。三是对身材条件的要求不能过高，因为是体育基础训练，所以，即使学生的身材等条件稍差也同样具有很好的发展前景。

（二）帮助体育特长生制订体育训练发展目标

一是学生个人的训练目标的制定要以体育专业的高考目标为依据，学生个体目标的制订要与学校体育教学的目标相结合。二是遵循因材施教的原则，针对不同的个体，开展差异化和个性化的训练和教育；学生个人训练目标的制订要充分考虑个人的强项和发展情况。三是根据不同学生的专业素质和个性特点制订有针对性的训练目标，年度训练目标要与阶段性训练目标相结合，使专业训练循序渐进，不断提高训练技能，从而使不同的学生分别获得自己的训练体验，找到符合自己特点的学习动力和努力方向。

（三）协调联动，齐心协力

抓好体育特长生的训练，单靠体育教师的努力是不够的，因此，要调动校领导、班主任、各科教师和家长的力量，协调联动，齐心协力地做好体育特长生的训练工作。一是争取学校领导的高度重视，配齐配全体育训练设施设备，提供必要的训练场地。二是积极争取班主任和各科教师的支持，为体育特长生训练提供方便。三是做好体育特长生家长的工作，争取学生家长的理解、支持和信任，共同做好体育特长生的思想工作，使特长生能够积极主动地投入训练中。

（四）狠抓体育特长生的思想品德教育

长期以来，体育特长生给人们的印象是：时常违反校规校纪，如迟到、早退、逃课等；有抽烟、打架等不良习惯。因此，对体育特长生必须严格要求，狠抓特长生的思想品德教育，防止出现不良行为，使他们养成良好的学习、生活和行为习惯。这是做好体育训练的关键，是促进学生特长发展的重要保证，也是让学生既成人，又成才的重要一环。

（五）对体育特长生的文化成绩不放松

高考文化课的成绩合格是体育特长生顺利跨入体育院校的必备条件之一。因此，对体育特长生的文化学习绝对不能放松。一是要将学生的切身利益作为教育的切入点，让学生明白只有文化成绩和体育成绩都达到录取分数线才有希望升入高一级的学校深造。二是让学生了解今后的工作、生活和学习都离不开文化知识，这个基础必须打好，对自己的一生都是有益的。三是用学生身边的案例和前几届的优秀毕业生的实例来教育他们，使他们学有榜样，增强教育效果。

（六）制订科学的训练方案

一是要科学合理地制订训练方案。根据学生的长项和学生的特点，根据运动量的大小来安排训练的内容；要优先确保文化课的学习时间，依照学校的作息时间，利用课余时间组织开展好业余训练，使学生的文化课成绩和训练成绩双丰收。二是要精心组织体育特长生的训练工作，科学训练，科学安排好训练的进度和时间，调节好运动量和运动强度；合理指导和安排好他们的饮食起居，保证他们有充沛的精力和愉悦的心情投入文化学习和体育训练中。三是体育训练要一丝不苟，长期坚持；要严格执行训练常规，保质保量地完成训练任务；要严防和杜绝训练中伤害事故的发生，在安全训练的基础上，不断增强训练效果。

第十节　大学生体育能力的培养

培养学生的体育能力，为其终身体育奠定基础是学校体育教育的重要任务。本节主要阐述了大学生体育能力的内涵及其所包含的基本内容，介绍了培养大学生体育能力的途径。

随着教育改革的深入发展，特别是贯彻第三次全教会提出的学校教育要树立"健康第一"的指导思想，学校体育改革必将呈现出重健身、重实效、重能力培养的趋势。高校体育教学必须顺应改革潮流，尽快解决如何提高学生体育能力的问题。

一、大学生体育能力的内涵

所谓能力，是指以人的一定的生理和心理素质为基础，在认识和实践活动中形成、发展的完成某种任务的能动力量。因此，可以把体育能力理解为：一个人在学习掌握体育知识和体育技能的基础上，运用各种方法和手段，对自身的体育实践活动起稳定调节作用的个性心理品质和操作行为的一种综合能力。其基本内容包括对体育的认识能力、科学锻炼能力、体育锻炼的自我评价能力、终身体育能力等。

体育认识能力是指人们认识体育和体育现象的主观反映的本领，是对体育知识性和理性追求，学习与了解的程度；科学锻炼能力是指人们能够依靠掌握的体育知识、技能以及体育锻炼的规律，为满足个人需求和适应社会的需要，充分发挥自身的现有体育水平和潜力，科学地进行身体锻炼的本领；体育锻炼的自我评价能力是学生对自己身体形态、机能、素质、锻炼状况、效果等的自我测定和评价,并进行自我医务监督,从主观和客观上检查自己的健康状况和技能水平,从而合理地安排运动量和运动强度,预防过度疲劳或运动损伤,养成良好的个人卫生习惯,使体育锻炼真正获得好的效果;终身体育能力是指在人的一生中,对自然环境和生活以及不同的生活条件的变化做出积极反应,并能始终坚持体育活动。

二、培养大学生体育能力的途径

(一)立足终身体育,重视大学生体育能力的培养

在现行的学校体育教育中,过多地强调学生在校期间的近期效益,忽视学生毕业后要继续进行体育锻炼的教育。学校体育与社会体育和终身体育脱节,这对培养学生终身体育的能力和增进健康是十分不利的。因此,高校体育教育要转变观念,以学生终身体育为主线,以使学生终身受益为出发点和落脚点。体育课的设置要拓展体育的功能,改变过去那种把高校体育简单地理解为竞技体育或单纯地从生物观点来理解高校体育任务的观念。要使广大学生在校期间接受多方位的体育教育,增强体育意识,提高体育能力。

(二)培养学生的自我锻炼能力

充分利用课外活动这块阵地,培养学生的自我锻炼能力,是培养学生体育能力的一个重要方面。高校课外体育活动是学生进行体育实践活动的有效途径,有组织、有计划地进行课外体育活动实践,对培养学生的观察、分析、认识、解决身体锻炼问题的能力,都有积极的促进作用,如以教学班级为单位开展小型多样的课外体育竞赛活动,是促进学生身体素质与锻炼技能提高的有效活动方式。除组织全校性的大型田径运动会、篮球、排球、足球等比赛外,最重要的是有目的地开展各种小型教学比赛,内容多样,形式灵活,不仅可以激发学生参与体育活动的兴趣,而且一旦形成无形的制度,就能更好地调动学生体育学习和锻炼的积极性,充分发挥课外活动的功能,培养学生的体育竞争意识,增强学生独立从事体育锻炼的能力。

(三)加强体育与健康知识教育

学生掌握体育与健康基本知识,是培养学生体育能力的基础。大学生体育能力与体育和健康的理论知识、运动技能的掌握密切相关,是在两者的基础上发展起来的,因此,加强体育与健康知识的教学,提高学生的知识水平,对他

们形成必要的体育能力是至关重要的。

（四）培养学生的观察能力

人的观察力不是天生的，而是在实践中培养和发展起来的。体育教学中每一项技术动作的学习，都离不开观察，善于观察的学生，往往掌握技术较快，反之则慢。所以，培养学生的观察能力，开发学生的智力，增强其求知欲和兴趣感，对当今的大学生来说尤为重要。

无论是学习一项技术还是学习一种战术，首先要知道正确规范的做法，这主要依靠学生自己认真观察和正确理解。观察要抓住动作和技、战术的关键，观察次数根据动作的难度和自己的基础而确定。观察要有"点"有"面"。"点"是"意"，"面"是"形"，"意"要靠教师讲解说明和现场示范，"形"主要靠观察。这就是说，只要在学习中抓住了关键就能解决主要矛盾。因此，教师在教会学生有序观察后，还要教会学生认真观察技术关键，通过多次动作示范，确保学生练习时在技术关键上不出差错。

（五）营造良好的教学氛围

在教学过程中，教师要给学生创设一个宽松的学习氛围，使学生充分发挥主观能动性，变学生的被动学习为主动学习，使教师的教与学生的学自然和谐地融合在一起，这对于学生掌握知识技能是非常重要的。实行民主教学，充分发挥学生的主体作用，发挥他们的主人翁精神，为学生创造更多的实践机会。在教学实践中，为学生提供轮流充当教师角色或体育委员的机会，通过由学生组织整队、安排准备活动、组织练习、讲解示范等活动来提高学生的组织能力和体育实践能力，也使其从中掌握体育锻炼的方法。在组织教学比赛或课外活动比赛时，由学生担任裁判，使他们掌握一些项目的比赛常识和一般规则，提高其组织比赛的水平和观赏体育比赛的鉴赏能力。同时在这个过程中，要及时鼓励、指导、帮助、督促，从而促使学生乐于参与体育锻炼，把体育课内外学习的知识技能内化为自身能力。

（六）培养大学生体育锻炼的自我评价能力

体育锻炼的自我评价能力是指学生对自己的锻炼效果和身体状况能够予以测量、分析和判定。通过自我评价，使学生了解自己的锻炼情况和体质状况，从而有针对性地采取相应措施，调整锻炼计划和方法，避免锻炼的盲目性，取得最佳的锻炼效果。如在练习过程中，让学生通过摸脉搏这一简单的方法来了解自己的心脏功能，使锻炼控制在有利于健康的适宜范围内，获得良好的教学效果。

综上所述,大学生体育能力主要包括对体育的认识能力、科学锻炼能力、体育锻炼的自我评价能力和终身体育能力等,它们是相互联系、相互制约和相互促进的。大学体育应把培养大学生的体育能力放在重要位置,改革传统的体育教学模式,建立新的体育与健康教育内容体系,实行课内外相结合的新的体育教学模式,确保大学生的体育能力不断提高,养成良好的锻炼习惯。在体育教学过程中,要营造良好的教学氛围,加强学法指导,培养大学生的自我锻炼能力和自我锻炼效果的评价能力,为其终身体育打下坚实的基础。

第十一节 排球教学训练中合作精神的培养

一支优秀的排球队,仅个人具有优异的表现是远远不够的,在技战术方面具有再高的水平也是不够的,还需要队员都具有良好的合作意识、合作精神和能力,否则很难获得比赛胜利。排球教学训练中"合作精神"的培养在于培养学生相互关心的意识、密切配合的默契。同时,合作与竞争是相辅相成的,培养训练者合作精神的同时,要让他们清楚地认识到排球比赛和运动的竞争性,让他们紧密合作和公平竞争。同时,在合作精神培养的过程中可以强化他们的心理体验,进一步培养他们的心理调整能力,通过不同的比赛可以锻炼他们的心理承受能力,在班级排球赛、小组排球赛等比赛中让他们的技战术得到锻炼,从而摆正比赛心理,树立正确的集体荣誉感。此外,可以根据训练者意识、体质、技术等方面的差异,采用科学的训练方法,让他们在合作学习与比赛竞争中增强训练的决心和信心。

一、树立团结合作意识

排球教学训练要紧密围绕训练者团结协作意识和精神的培养来开展,无论是教练员还是训练者都要树立高度的团结合作意识,使团结合作意识全面渗透到排球教学训练中。在排球教学训练中,要采用小团体训练模式,组建不同的小团体,在比赛中培养他们的竞争意识和合作精神。小团体的作用与整体训练的目标是一脉相承的,在组织结构与整个球队中保持高度的一致性,以小团体合作精神的培养来实现全队合作精神的培养。在小团体中,可以更好地挖掘每个训练者的潜能,加强对他们身体素质、思想认识、技战术以及其他方面的观察,排除训练中他们在思想认识上的各种障碍,让他们的自觉性、主动性、学习性在团体中得到锻炼。当然,教练员要加强对这些小团体的信念与价值观教育,促进不同的小团体成为竞争对手和合作伙伴,让他们与不同的小团体进行合作,培养他们的合作精神。在排球训练中，无论是传球还是跑动等，教练员都要明确他们的整体作战意图，加强对训练者的行为规范，通过竞赛模式不断向训练者灌输团队精神，从而使其树立大局意识，增强训练效果。

二、增强教练员的情感投入

球队本身就是一个集体，训练者合作精神的培养需要教练去设计和组织，需要通过教练员将每只手凝聚在一起形成一个拳头，并凝聚每个训练者的智慧和力量形成球队的凝聚力和战斗力。因此，教练员在排球教学训练中起着至关重要的作用。培养训练者的合作精神，教练员必须增强个人的情感投入，以身示范、模范带头。这就需要选齐配强教练员队伍，促进教练员加强综合素质的训练，对教学训练进行经验总结。球队合作精神的培养，是建立在教练员、队员以及其他管理者高度融洽与沟通的基础上的，教练员在教学训练中要投入情感，加强对训练者的意见倾听，确保教练员与训练者之间保持积极的沟通，从而在帮助训练者解决一些实际问题的同时，真正成为他们的良师益友，有利于合作精神的培养。

三、发挥球队领袖人员的作用

排球教学训练需要领袖人员发挥作用，这就需要根据实际情况科学选择具有合作精神和组织能力的球队领袖人员。因为训练人员合作精神的培养仅靠教练员个人努力是远远不够的，在小团体中要重点开发每个训练者的作用，通过轮换机制来选聘球队的领袖人员，从而让每个训练者感受到合作精神的重要性，增强他们个人的威望和号召力。训练者轮换担任领袖人员，让不同的训练者来体验团队协作的重要性，成为排球教学训练中的精神领袖，并成为排球运动中敢于拼搏、努力训练的好榜样，可以很好地鼓舞全队进行科学有效的训练，在一定程度上也为团队合作精神的培养提供了重要的力量支撑。

四、加强团队合作精神教育

要统一训练者的思想认识，就必须加强对他们的团队合作精神教育，提高他们的思想觉悟，让他们在刻苦训练的同时努力钻研排球运动业务。首先，要积极开展合作精神主题教育活动，通过广播、讲座等专题研讨活动来引导训练者认识到合作精神的重要性，树立良好的合作意识和合作精神。其次，要加强合作精神在具体的比赛活动中的培养，积极开展小组排球比赛，在实战训练中培养和提高训练者的合作精神和能力。最后，要引导训练者主动观看排球运动领域的比赛视频，积极发现别人取胜的法宝和技巧，通过典型示范来培养他们的合作精神。合作精神的培养与训练者的知识结构具有一定联系，训练者要通过一定的手段方法来完善自身的知识结构，从而对个人利益与集体利益之间的关系形成正确认识，处理好个人利益与集体利益、个人态度与集体态度之间的冲突。这需要每个训练者制订共同的目标，在具体的训练和比赛中形成训练者共同的欲望和共同的目标，按照不同的阶段来细分他们的欲望和目标，从而达到"劲往一处使"的目的。

五、制订科学的规章制度与方法机制

一方面，训练者要共同商量制订训练的规章制度，在训练中如果有人不配合作战和训练，就依照规章制度进行相应的处罚，在具体的可操作的规章制度中让训练者对合作精神形成一个清晰的、稳固的认识。将合作精神转换为他们的规范意识，这就形成了一个球队高度的组织性、纪律性和特有的精神，这也是保障排球教学训练合作精神培养的重要基础。另一方面，要建立健全合作精神培养的方法机制。首先，建立目标教学法机制，紧密结合训练者的实际情况、接受能力、年龄特征、心理与生理特点、技战术水平、个人认知水平等，分阶段、分内容设立不同的训练目标，有计划、有意识地培养他们的合作精神。其次，建立表扬鼓励法机制，对于队员给予充分的肯定，用掌声、语言、行动鼓励队员顽强拼搏、努力训练，同时对表现优异的训练者及时给予表扬。

排球运动作为一项对抗性和趣味性较强的运动，对训练者的合作意识、合作精神、合作能力的要求较高，同时也对他们的竞争意识和态度具有极高的要求。在加强训练者合作精神的培养的同时，可以利用游戏竞赛法、共同目标法、小团体合作法、表扬鼓励法等多种方法，挖掘和发挥训练者个人的能力和作用，让他们加深对合作精神的重要性的了解，自觉将合作精神的培养作为排球运动的技战术能力进行训练，从而为排球教学训练合作精神的培养提供可操作的教学模式。

第六章 大学生体育训练教学实践应用研究

第一节 体育游戏在高校排球教学与训练中的应用

排球运动是从游戏中逐渐演变而来的，如今排球项目已成为大学体育中重要的组成部分，受到很多学生的欢迎。体育教育的落脚点是提高学生的身体健康素质，体育教育中的游戏过程更多地关注游戏本身的趣味性和娱乐性。在开展排球教学训练活动时，如果依然采用原本传统落后的教学方法，只需要体育教师为学生口述排球有关的基本技能和比赛规则，只会让学生被动地接受排球学习，从而对排球的教学产生排斥，毫无疑问这样会极大地影响整个课堂的教学效率，本节便对排球教学训练中体育游戏的合理应用进行深入分析。

一、现阶段排球教学过程中存在的问题

排球运动作为最为知名的几大体育项目之一，其观赏性强，互动比较频繁，很适合在学校进行此类体育教育。然而与教学初衷相违背的是，现有的排球教学中，往往只有一些对排球动作的机械的重复训练，这不可避免地导致了学生对排球运动的排斥。现有的排球课堂教学还采用教师进行理论讲解和动作示范、学生单方面接受教学的教学模式，这种教学方式很难避免教师生搬教材、学生重复练习这些问题。另外现在的学生并非对排球知识一无所知，因此教师在教学过程中应该针对学生的一些动作问题、排球运动意识进行简单干练的指导，这种指导既要言简意赅又要直击重点，从而提高教学效率。另外，当学生出现失误的时候，教师应该因势利导指导学生正确的动作方式，尽量避免情绪化教学，立足于树立学生对排球的学习信心，提高学生的学习效率。

二、体育游戏在排球技术教学中的应用

（一）体育游戏能提高学生学习的积极性

大学生学习排球避免不了理论的教学，但是单纯的理论学习不免会导致整个学习氛围的枯燥僵硬，因此将体育游戏引入排球教学是教学任务中较为重要的一个环节。目前的教学方式十分单调乏味，仅仅是教师的单向教学以及学生的被动学习，这种教学方式严重影响了学生学习排球的积极性，因此在大学排球教学中引入体育游戏是一个十分明智的教学决定。同时引入体育游戏不仅需要严格遵循教学目标和教学计划，还需要传递足够的排球知识。因此排球教学过程中的体育游戏需要根据不同的教学阶段以及教学内容，确定最为合适的游戏内容，以此来达到增强教学效果的目的。

（二）体育游戏能提高学生的排球智商

体育游戏在排球教学中的作用十分全面，不仅能提高学生的学习积极性和调节课堂氛围，同时还能加深学生对排球运动的理解，这种对体育运动的理解也正是体育教学的最终目标之一，这种运动理解，理论上称之为"排球智商"，排球智商具体来说就是排球运动中的场上执行能力、临机应变能力以及场上的组织能力。排球智商的培养一直是排球教学中的难点，而体育游戏的引入就可以通过游戏的方式，通过各种团体游戏来培养学生的临场观察能力、团队协作能力和一定程度上的运动能力，从而达到提高排球智商的效果。

（三）体育游戏能提高学生排球比赛的能力

在我国排球教学课堂中，常见的教学方法还是以往传统落后的，教学中没有将排球的竞技性完美表现出来，排球运动只有采用比赛的形式才可以保证学生体会到排球的竞技乐趣，这样一来学生学习排球的积极性会得到很大的提高，从而提高排球比赛能力（例如，垫球比赛，将学生平均分为三队，同时在排球底线处列队站好，教师喊开始之后，队列最前面的同学用双手自垫球向前移动穿越网到对区底线再自垫回来交给下一个同学，下一个同学接过球继续垫球前行，每个队伍依次进行，完成最快的队伍获得胜利；传球比赛，排球场两边分三组隔网站好，1对1隔网传递排球，第一个人传完球之后排到本队伍的最后面，在前面的人按照顺序进行传球，同时传球时排球不能落地，只能用双手传球得分）。大学体育游戏能够培养学生的合作意识和组织能力，还能为学生创造一个交流平台，从而完成教学任务并提高排球教学效率。

三、排球教学应用体育游戏时应注意的问题

（一）科学选用体育游戏

大学体育游戏与排球教学训练有很多交集，在教学实践中，选择与排球教学内容相符合的体育游戏，一定要按照学生的自身情况确定，一定要保证选取的体育游戏与教学内容一致，因为选择的体育游戏一定要对排球教学内容发挥辅助作用，按照不同教学内容、不同教学阶段而选择相应的大学体育游戏，进而将大学体育游戏与排球教学完美融合，体育游戏的运动量也十分关键，既不能简简单单只是热身，也不能运动量过大导致学生的体能损耗过大，因此对于体育游戏的选择也需要教师细细斟酌。

（二）提高教师对体育游戏的认知水平

教师对大学体育游戏的认知水平也很关键，如何将体育游戏真正融入课堂就取决于教师对体育游戏本身的理解。例如，在排球教学过程中教师对排球的动作标准、详细规则、排球素养的认知本身就需要十分深入，这样才能让学生以最高的效率学习最为完整系统的运动知识，再通过排球游戏的趣味性激发学生进一步了解排球运动，最终达到排球课堂的预期效果。

（三）科学地组织体育游戏

在排球教学中引入大学体育游戏的主要目的是确保排球教学的高质量，培养学生学习排球的积极性和主动性，为了保证大学体育游戏在排球教学中发挥出辅助作用，教师需要因势利导，对不同身体素质、不同学业任务的学生可组织不同的体育游戏，一方面能够最大程度提高学生的运动素养，另一方面能将各种弊端降至最小。

在排球教学训练中引入大学体育游戏可以发挥大学体育游戏对于排球教学的辅助作用，在排球教学中教师必须要根据每个阶段的特点，选择最佳的大学体育游戏，培养学生学习排球的兴趣，同时要改变原本的传统落后的教学模式，用大学体育游戏激发学生学习排球的兴趣。通过排球游戏来活跃课堂氛围，可以提高学生的思维逻辑能力，从而全面提高学生对于排球比赛的专业能力。

第二节　素质拓展训练在高校体育教学中的应用

素质拓展训练起源于欧洲国家，将户外场地作为训练的主要场所。在训练过程中，可以通过典型活动、趣味化活动，为参与活动的人员提供更加优越的

体验，达到提高身体素质、心理素质的目的。另外，基于素质拓展训练便于学生发现自身的潜能，强化其团队意识、综合素质，所以，高校体育教学应该提高对素质拓展训练的重视，实现对学生综合素质的提升，践行新课程改革对素质教育的要求。

一、素质拓展训练在高校体育教学中的应用意义

在当前的体育教学中，融入素质拓展训练具有多方面的作用。具体而言，主要表现在以下几方面：①优化体育教学的模式。开展素质拓展训练，需要将学生的需求作为核心，制订相应的教学计划、方案，从而不断提高教学质量。因此，可以在根本上彰显学生的主体地位，符合新课程改革的理念、要求，便于对传统的体育教学模式进行优化，提高学生体育方面的核心素养。②促进学生的全面发展。在高校的体育教学中，素质拓展训练以学生的全面发展、职业能力提升等方面的需求为核心。所以，教师要根据岗位的实际情况，对教学方案进行针对性设计，以此来为其他学科的教学服务，实现企业岗位、体育教学之间的衔接。不仅如此，素质拓展训练还有利于培养学生的就业观、世界观、价值观等，为学生的稳定发展夯实基础。

二、素质拓展训练在高校体育教学中的应用现状

在高校的体育教学中，虽然已经将素质拓展训练应用在其中，但是因为多方面因素的影响，教学效果并不理想。其中，素质拓展训练在高校体育教学中的应用现状主要包括以下几点：①课程体系不完善。由于缺乏素质拓展训练方面的经验，教师无法合理设计课程的内容，同时评价方式不能得到有效的调整。所以，现行的课程体系并不能为教学提供依据。②身心素质训练不科学。素质拓展训练不只包含单一的身体素质，或者单一的心理素质训练。但是，因为素质拓展训练的体系不健全，导致体育教学存在片面性，无法对学生的身心素质进行综合培养。③拓展训练的方式传统。在体育教学中，拓展训练通常由教师组织学生进行野外活动，这种方式十分传统，无法且不能充分调动学生的积极性，影响了素质拓展训练的有效性。④缺乏安全教育。对于素质拓展训练而言，安全教育是其中重点的内容之一，直接影响着学生对安全的认识。不过诸多体育教师忽视安全教育，增加了素质拓展训练期间的风险。

三、素质拓展训练在高校体育教学中的应用路径

（一）积极完善素质拓展训练的课程体系

对于素质拓展训练而言，其教学方式多种多样。因此，教师在安排课程内容的过程中，应该尽可能围绕学生的兴趣，提高教学内容的丰富性。为了实现这一目标，教师必须对素质拓展训练的课程体系进行完善。例如，对体育教学中素质拓展课程进行合理的分类，如团队协作类、人际沟通类、个人挑战类等。基于此，教师可以结合课程的进度，选择不同的拓展训练类型，然后对教学内容进行合理的设计。同时，教师还可以结合课程的分类，明确每一次课程的教学目标，从而有目的地进行教学，推动课程顺利进行。采用此种方式进行教学，可以培养大学生在沟通、合作等方面的素质，强化学生的自信心，为学生的综合发展铺平道路。简言之，在开展素质拓展训练的过程中，对课程体系进行完善不仅是顺应新课程改革的重要举措，还能为学生提供因地制宜、因材施教的教学与训练。

（二）重视对大学生的身体素质进行训练

从素质拓展训练的教学目标进行分析，提高学生的身体素质是主要的目标之一。只有这样，学生才能更好地迎接学习、工作中的挑战。同时，还能引导学生形成健康锻炼、终身锻炼的意识与良好习惯。为了实现身体素质训练的目标，教师应该综合考虑学生身体素质方面的差异，制订科学有效的拓展训练计划。例如，对于身体素质相对较差的学生而言，教师应该践行循序渐进的原则，并为学生营造和谐的情景氛围。采用此种方式，可以避免学生出现厌学的不良心理，正确面对拓展训练的压力，从而不断增强体育教学的效果。另外，教师还可以利用团队协作类的教学内容，鼓励学生之间互帮互助，采用"帮扶制"进行教学，避免出现学生掉队的现象。

（三）积极对大学生的心理素质进行锻炼

心理素质训练是体育教学中素质拓展训练的重要内容，教师在重视身体素质训练的同时，还应该提高对心理素质教学的重视。在这一过程中，教师应该对学生进行心理诊断，然后采用素质拓展训练的方式解决学生的心理问题。例如，对于学生自卑、自我怀疑等不健康的心理，教师可以采用示范、开导的方式来处理，并结合学生的能力设置训练内容，从而增强其自信心。另外，教师应该对学生的自我调节能力进行培养。同时，还应该对学生的心理变化规律进行分析、掌握，并对学生进行心理方面的干预。例如，引导学生进行表象训练、

调整呼吸、渐进肌肉放松、自我暗示、模拟训练等，增强学生心态的稳定性。

（四）通过赛事进行素质拓展训练

传统的户外拓展训练方式，虽然可以实现简单的教学目标，但如果一直采用此种方式，将会影响学生的积极性。对此，教师可以定期举办与素质拓展训练相关的赛事，为学生提供发展、展现自身特长的空间和机会。这样不仅能实现对传统教学方式的创新，还能对教学资源的不足进行弥补，进一步提高学生的综合素质。另外，由于学生个体之间的差异十分明显，通过赛事便于学生认识到自身的优势、不足，意识到取长补短的重要性。不仅如此，基于赛事也可以增强学生的责任意识、团结精神、合作能力，从而促进学生全面发展，所以，教师必须提高对赛事的重视，为学生的稳定发展提供基本保障，提高高校体育课程教学的质量、效率。

（五）在素质拓展训练中融入安全教育

在体育教学中融入素质拓展训练内容，需要教师提高对安全教育的重视，从而可以对学生的思想意识产生潜移默化的影响。具体而言，教师可以在素质拓展训练的过程中，做好安全隐患、训练形式、训练时间等要素的管理。在正式进行拓展训练之前，保证学生明确了解本次课程的内容、目标以及训练要求，然后依据课程的规范要求进行训练。采用此种方式，可以对学生的秩序意识、纪律意识进行强化。在诸多大学生中，存在部分寻求刺激感的学生，教师必须加大对此类学生的关注，积极做好危险动作、风险等方面的安全教育，引导学生在训练中进行自我保护。由此可以发现，在素质拓展训练期间，对学生进行安全教育具有较强的必要性，与课程的质量与效率、学生的身体安全有着紧密联系。

综上所述，素质拓展训练在高校体育教学中的应用有多方面的意义，需要得到高校的重视。但是，当前的素质拓展训练并没有达到理想效果。所以，高校必须结合学生的特点、体育教学实际等，对素质拓展训练的教学方式进行调整、优化，丰富日常体育教学的形式，从而不断激发学生的兴趣，调动其日常学习、训练的主观能动性。长此以往，便可以发挥素质拓展训练的作用，为学生日后的综合发展铺平道路。

第三节 表象训练法在高校体育舞蹈教学中的应用

高校体育舞蹈是一种创新型、高效用的体育活动。近些年，高校体育舞蹈教学各项机制的不断完善使得高校体育教师开始重视体育舞蹈教学的重要性。在这种严峻的教学环境下，很多高校体育舞蹈教师都感觉有很大压力，使得高校体育教师不得不以一种与时俱进的心态积极创造更多创新型、高效用的教学方法。高校体育教学各项机制的不断完善使高校体育舞蹈教学方式逐渐向多样化方向发展。在高校体育舞蹈教学中使用表象训练法在某种程度上能够提升广大学生的综合审美水平，加深学生之间的交流和友谊，使广大学生能够深入体会到体育舞蹈带来的各种乐趣，另外，在某种程度上还能把高校体育舞蹈中的服饰美与动作美充分表现出来。

一、高校体育舞蹈教学的必要性

高校体育舞蹈在某种程度上不仅能有效提升学生身体与心理素质水平，还能让学生的身心得到放松。高校体育舞蹈在一定程度上还能起到良好的减肥作用，使学生能够健康成长。社会经济的快速发展使各行各业之间的竞争越来越激烈，高校毕业生的就业压力也越来越大，这就给高校体育教师带来了很大压力和挑战，促使他们以一种与时俱进的心态积极创造更多创新型、高效用的训练方法，使学生的身体能够得到放松。其中体育舞蹈就是一种不错的选择，从长远角度来看，体育舞蹈也是国家与种族之间进行有效交流的重要方式，尤其在不稳定的国际局势中体育舞蹈比赛更是一种非常重要的政治外交。

二、表象训练法的教学优势

表象训练法是一种创新型、高效用的教学方法。近些年，随着高校体育舞蹈教学各项机制的不断完善，越来越多的人开始重视表象训练法的应用。表象训练法通常是对自己在脑海中形成的各种运动进行科学、合理的整理与创造，使得高校体育教师做的各种体育舞蹈动作能够在学生脑海中反复出现，学生在进行舞蹈训练的过程中，高校体育教师应该对学生的舞蹈动作进行及时指导，从而让学生对舞蹈有一个深入、全面的认识，只有对舞蹈有了深刻的认识，学生才能更好地去练习舞蹈，从而提升广大学生的气质水平。与此同时，表象训练法在某种程度上还具有巩固记忆的作用，在练完舞蹈之后学生的脑海中会浮现出各种标准、规范的舞蹈动作。另外，学生还应该对各种细节和技巧进行全面分析，只有这样才能进一步加深对舞蹈动作的各种印象，使广大学生的舞蹈动作整体具有一种流畅性。除此之外，表象训练法在某种程度上还能进一步推动舞蹈动作的创新。通常情况下，学生在练习舞蹈的过程中会对各种舞蹈动作进行认真模仿，在练习过程中会逐步学习到更多舞蹈方面的知识。当然，在舞蹈练习过程中教师也发挥着重要作用，在练习舞蹈过程中伴随着各种动作的熟练，广大学生也会对舞蹈产生更多新的认识，通过舞蹈练习过程中的日常总结能够在短时间内完成各个舞蹈动作的创新，可以在某种程度上有效培养广大学生的整体感官与感悟能力，让学生对舞蹈动作有一个更加深刻的印象，从而更好地去锻炼身体。

三、表象训练法在高校体育舞蹈教学中的应用分析

（一）舞蹈方法设计

1. 掌握动作

高校体育舞蹈教学是一项纷繁复杂的综合性工作。教师教学时要综合各方面因素去考虑和分析，通过科学、合理的方法来提升广大学生的舞蹈水平。教学过程中常常发现很多学生对舞蹈动作并不是非常熟悉，教师要深入了解每个学生学习舞蹈的特点，为学生播放与舞蹈相关的各种录像，让更多学生对舞蹈动作有深入、全面的认识。学生的舞蹈基础有很大差异，对舞蹈动作不规范的学生教师可以做示范，把动作重点详细说明，有效规范学生的动作。此外，教师还应该合理安排学生进行合作学习，通过对练让更多学生意识到自己的不足，然后改正。观看舞蹈录像能够让学生对舞蹈有更加直观深入的认识，对各种动作的学习有帮助。

2. 提升动作

教师应全面、深入了解舞蹈动作，并传授给学生，广大学生了解动作后才会产生兴趣，会更主动地学习，提高动作质量、整个舞蹈的流畅性与熟练程度，同时，要让学生自己在脑海中对舞蹈动作进行全面分析，加深动作印象。此外，还要培养学生间的合作意识与默契。

（二）表象训练法的实施

1. 掌握音乐节奏

音乐和舞蹈之间的联系非常密切。单纯练习舞蹈不易激发学生学习的兴趣，其积极性和主动性会下降很多，教师可通过播放音乐的方式培养学生的节奏感。

2. 教师间接指导

在教学过程中，舞蹈教师扮演着非常重要的角色，其指导能够帮助学生解决各种问题。探戈舞蹈是双人舞蹈，节奏大概是 2/4 节拍，整体顿挫感非常强。在教学过程中要播放与此相关的音乐，只有具备音乐节奏感的舞蹈才能激发广大学生学习的积极性和主动性。学生跟随着节奏做各种交叉、踢腿与跳跃动作才能做到位，整个舞蹈的动作节奏会更加流畅。让身体和整个音乐充分地结合起来，把舞蹈的价值充分体现出来，在某种程度上能够让学生对舞蹈产生更深刻的认识，在短时间内完成各项舞蹈动作。

（三）高校舞蹈教学实例

以狐步舞教学为例，在教学过程中，高校舞蹈教师应让学生意识到狐步舞是一种流动感非常强的舞蹈，舞步的衔接非常重要。每个舞步衔接都要圆润流利，舞蹈步子也要合理，中间最好不要有停顿。在跳舞过程中脚步也要更加灵活，脚步每个位置的摆放、技巧、倾斜与反身动作都要掌握清楚。这种舞蹈一般会被应用到很多结婚典礼或者其他重要社交场合当中，稳定的舞蹈技巧在某种程度上能够让学生产生浓厚的兴趣。除此之外，舞伴也是非常重要的。脚步要轻轻刷过地面，一定不要太重，以免给舞伴带来很大压力，让舞伴跟不上节奏。在舞蹈过程中双脚一定要保持平行。狐步舞和探戈舞两者之间存在很大差异，狐步舞一般情况下不需要进行交叉，整个倾斜度也处于正确位置，如果过分倾斜在某种程度上将会造成摔倒，倾斜不到位的话舞蹈就会显得不美观，因此学习舞蹈的学生一定要记住舞蹈的各项要点，只有这样学生才能在短时间内掌握各种舞蹈动作。

在高校舞蹈教学中，表象训练法是比较常用的一种教学方法。近些年，高校体育舞蹈各项发展机制不断完善，越来越多的人开始关注和重视高校体育舞蹈的教学。正确使用表象训练法在某种程度上能提升广大学生的日常生活水平，使广大学生的身心发展处于一种健康状态当中，与此同时，在某种程度上还能促进广大学生身心全面发展，只有这样才能有效提升每个人的表象发展水平。

第四节 循环训练在高校体育教学中的应用

循环训练是体育教学中的一种新型教学方法，不仅可以让学生有效提升自身的身体素质，还能让教师提升教学水平。相比以往的体育教学方法，循环训

练方法可以让学生循序渐进地进行体育训练，与学生自身需求也极为相符，可以提升体育教学质量。

一、循环训练在高校体育教学中的作用

（一）提升学生综合能力

高校在开展循环训练教学的同时着重调整学生的身体状态，让学生有一个好的身体素质是保障体育教学的基础，同时也是提升学生体育水平和体育能力的重要基础。在体育教学开展过程中，教师可通过循环训练的方式来保障学生的身体各项机能运转，以此提升学生的免疫能力和抵抗能力。对于体育教学来说，它能够提升学生的综合素质，更是学生成长的重要部分。因此，学生身体素质的提升在某种程度上也提升了学生的综合能力。

（二）激发学生学习兴趣

循环训练方法在体育教学中具有独特性、有效性、灵活性的特征。因此，高校开展体育教学时循环训练法得到了教师的喜爱和应用。教师应用循环训练法不仅能激发学生的学习兴趣，还能让学生积极地进行体育训练，让学生能够主动参与到体育教学活动当中，以此提升学生的综合能力和训练水平。循环训练对于我国体育教学来说还是一种新型的教学方法，处于初步应用阶段，但其具有非常大的训练价值和应用优势，对帮助学生练习体育技能、提升学习兴趣、丰富学习内容有非常重要的作用，其中新颖的教学方法与学生的学习兴趣极为相符，能够确保学生在兴趣的带领下认真训练。就体育运动中的田径运动来看，由于运动员每日训练消耗量过大，如若不具备良好的力量素质，那么对运动员日后的比赛一定会产生一些影响。所以，可以使用循环训练方法来完善田径运动，让学生的训练更具有持久性。在素质教育的背景下，高校应积极培养学生的综合能力，不仅需要提升学生的文化知识水平，更应该着重提升学生的综合能力，以此实现人才培养的发展目标。

二、循环训练在高校体育教学中的应用策略和原则

（一）由易到难

循环训练教学与其他教学方法有所不同，可以由教师自主设定程度，让学生在负荷较大的运动训练中培养强大的意志力和忍耐力。长此以往，学生必将激发出身体内的各项潜能，由此提高学生的综合能力。需要注意的是，循环训

练法教学的开展必须要由易到难,在教学初期需要学生不间断地进行训练,但不规定学生的训练时间,在教学中期需要不中断地进行训练,但教师可以限定学生的训练时间,让学生在训练时具有紧迫感。在教学后期教师需要加大学生的训练难度,让学生不仅需要紧迫地完成任务,更要保障训练质量能够达标。

(二)做好教学设计准备

教师在循环训练法的教学过程中可以让学生根据程序进行训练,在每一个环节中都能休息一段时间。这种循环训练方式可以帮助学生进行反复训练,虽然间歇时间较长,但对提升学生的速度、耐力、力量却极为有效。还有一种运动强度较大的训练方法,学生在训练环节中减少重复次数,由于运用强度较大,休息的时间也会较为漫长,但对提升学生综合能力却十分有效。这种新型教学模式能在很大程度上帮助学生完善自身体能训练,让学生身体的各项素质都能得到有效提升,此外,体育教学采用循环训练方法需要提前做好教学设计准备,明确学生的训练内容和训练路线,让教师在清晰的教学目的下充分了解学生当前的学习情况和学习需求。一般来说,学生的体育基础训练应将学生的身体特点放在教学首要位置,通过上臂训练、肩部训练、背部训练、腹部训练、腿部训练来达到综合能力提升的目的。

综上所述,高校在开展体育教学时,需要运用科学有效的教学方法进行体育训练,需要体育教师和领导人员对此加以重视,在体育教学中贯彻融入循环训练方法,以此提升学生的身体素质和综合体育水平,从而提升教学效率。

第五节 分层优化教学在高校体育训练中的应用

高校是一个促进学生全面发展的重要教学场所,由于我国传统应试教学思想的影响,导致一些学生在中学阶段背负了较大的学习压力,进而忽视了体育方面的训练,在高校开展高质量的体育教学,其意义尤为重要。在调查中发现,在传统的体育教学过程中,教师所采取的主要是"一刀切"式的教学方法,难以满足我国现阶段的体育教学要求,所以转变传统教学思路,在高校体育课堂中引入分层优化的训练措施,对于高校体育教学质量的提升大有裨益,这一点,无论是一线教职人员,还是高校管理人员,都应该给予重视。

一、分层优化教学的相关概念

分层优化教学,主要就是教师在教学过程中,根据学生当前的能力水平、

发展潜力，对其进行科学化的划分，在课堂上形成几组各自水平接近的练习群体，并在教学过程中，给予区别对待，这些群体的能力可以在教师恰当的分层策略中，得到有效的发展与提升。在调查中发现，对于这种教学方法的应用，主要是根据学生的实际学习表现，以及在以往测验中取得的成绩，来将其划分成不同水平的班组，教师根据各个班组的实际训练水平，对其展开引导性的教学，在高校体育训练的过程中，教师除了要对学生的身体素质以及体育知识的掌握情况进行了解外，还应该将学生分成若干训练小组，并在课堂上对其展开具有针对性的教学引导，切实提升学生的整体运动素质。

二、在高校体育训练中实施分层优化教学的必要性

在体育课堂上，教学内容对于学生的身体素质有比较严格的要求，且不同运动项目，对于学员的身体形态要求也有所不同，传统的训练方法，教师只是按照统一的教案，采用相同的教学内容，尽管能够完成高校体育教学任务，但是也会导致一些身体素质好、掌握技术动作快的学生，对于授课内容学习的积极性不是很高，还有那些身体素质较差、掌握技术动作慢的学生，可能会觉得训练内容过于复杂，进而对体育训练产生厌倦的情绪，这种情况会进一步加大学生间两极分化的程度。

分层优化教学，是在满足高校体育教学大纲以及相关技术要求的基础上，针对大学生个体间的差异性，形成的一种多元化教学模式，这种教学手段，主要从学生的实际情况出发，并在训练设计、训练内容和训练目标上，构成了层层递进的教学思路，可以帮助学生完成预期的训练目标。

三、在高校体育训练中应用分层优化教学时需要避开的误区

（一）忽略课程总体目标

在高校体育教学训练的过程中，课程总体目标不仅是引导学生进行体育训练的主要依据，还是整个体育训练的关键点，对课程总体目标熟练地掌握，并划分出相应的训练层次，是开展分层优化教学的基础，所以，不同层次目标的划分，要将总体目标设定为关键基础，根据学生的不同特点，来划分出不同的层次目标。但是在调查中发现，部分高校体育教师，对于分层优化教学的理解过于表面化，忽视了课程总体教学目标的作用，导致分层目标与总体目标有了出入与冲突，这对于整体训练效果的提升极为不利。

（二）忽视学生个体差异

在高校体育训练过程中，学生是教学主体，对学生的实际状况进行全面的掌握，是教师需要做的一项重要工作。但是在实际了解中发现，教师可能对学生参与体育训练的关键性信息进行了掌握，但是对年龄、体智水平和性格爱好等内容，却缺乏深入的了解，这就导致教师在组织分层教学设计的时候，对于学生的实际学习表现，未能展开更为深入的分析。所以，要想使分层优化教学措施发挥更大的作用，教师还应该根据学生的不同特点，在训练进度、训练层次上，进行具有针对性的划分，使教学质量更上一个台阶。

（三）训练层次划分混乱

在训练层次的划分上，教师尤其需要重视划分的条理性，不能一味按照主观化的教学意识，这样很可能会导致整个训练层次的划分出现混乱的情况。在划分上，要将其作为增强整体训练效果的一种手段，并不是在班级上对学生进行优劣区分，对于各个层次的学生，教师都应该做到一视同仁；此外，在进行分层优化训练的过程中，教师要对每个学生的长短处、优缺点进行深入的掌握，帮助每一位学生找到其进步的空间，使其能够朝着更为综合化、纵向化的方向发展，并且使各个层次之间具有衔接性。

四、在高校体育训练中实施分层优化教学的原则

（一）区别对待的原则

区别对待的教学原则，不仅是分层优化训练的教学实践基础，还是开展分层优化训练的基本原则。针对不同学生，教师要设计出不同的训练方法，并且对于不同学生对同一内容所产生的不同理解，以及不同训练环境会对学生带来的不同影响，教师都应该给予重视，使教与学的内容达到高度统一，令每个学生都能够获得相应的满足感与成就感，确保训练效果的最大化。

（二）循序渐进的原则

循序渐进的教学原则，主要是根据学生的身体、心理机能等方面的变化规律，做出相应的教学引导。在施行分层优化教学策略的时候，教师需要投入大量的精力与时间，结合学生的实际情况，对课程的安排，采取由简到繁、由易到难的教学原则，并尽可能衔接前后知识点。与此同时，考虑到课程与课程之间具有相互连接的特点，教师还应该帮助学生在掌握动作技能后，进行相应的知识迁移。

五、在高校体育训练中实施分层优化教学的具体措施

（一）根据学生间的差异进行合理分层

在高校体育教学训练过程中，要想使分层优化措施发挥出相应的作用，教师首先要根据学生的能力、性格、身体素质，以及对技术的理解能力，将班级内的学生，分为不同层次的训练群体，并且在完成分层后，教师还应该对各个层次的学生，展开详细的了解与分析，做好记录工作，根据差异来进行合理化的教学。

（二）按照不同训练阶段优化目标分层

优化训练阶段的内容，是实现课程教学目标的指路灯，同时也是新课程体系对课程设计所提出的相关要求。根据不同训练阶段，优化目标分层，可以让学生通过自己的努力，获得成功的满足感，进而使那些综合能力较弱的学生取得进步，而使那些综合能力较强的学生变得更强。

（三）在训练中设计多角度的学习评价

在体育训练过程中，学习评价仍旧是不可或缺的内容，体育训练过程的本质，主要包含认知与实践这两个方面的内容，所以在训练过程中，学生的学习态度、情意表现等与训练目标的要求是否贴切，也是新课程改革背景下，教师需要注意的一些评价性问题。在具体实施的过程中，可以从多角度、多元化的方向入手，对分层优化训练的重要环节，给予相应的重视。

总之，在高校体育训练教学过程中，对于分层优化教学手段，教师不妨结合学生的实际学习表现，做出切实的教学引导，提高学生的实际学习能力，为高校体育教育质量的提升，做出相应的贡献。

第六节　户外运动训练在高校体育教学中的应用

具有很强的趣味性的户外运动训练是对高校学生的一项挑战，其课程设计内容诸多，包含水上、野外、场地等训练形式。跳水、游泳、划艇等是水上训练的内容，户外生存技能、登山攀岩等是野外训练的内容，高架绳网等是场地训练的内容。本节主要对在高校体育教学中开展户外运动训练的相关内容进行探究。

一、户外运动训练在高校体育教学中开展的意义

户外运动训练的开展紧密连接了学校与自然，不仅可以起到强身健体的作用，很多内容丰富的运动项目，还能使学生的社交能力和竞争意识得到良好培养，增强学生应对困难挑战的信心。学生可以参与到集体活动中，与自然的接触时间增加，与同学的相互帮助增强了团队意识，沟通协调能力得到提升。在变化状态的自然环境中，学生的灵敏性得到培养，既可以在户外实践中对已有装备灵活运用，又能避免伤害事故的发生。

二、高校体育教学实施户外运动训练的策略

（一）加强户外训练的师资建设

对学生来说，户外运动训练是一项十分重要的考验，为了取得良好的训练效果，必须加强专业的师资队伍建设。体育教师应当根据户外运动训练课程的内容进行合理设计，通过自身具备的教学实施能力以身作则为学生进行示范。由于当前多数高校体育教师没有充足的户外运动训练经验，对训练的了解也不够，所以必须集中培训教师。体育教师应当将基本的理论知识、项目内容、训练过程了解掌握，结合学生特点，将户外运动训练与体育教学结合，确保学生能够得到真正锻炼并使训练顺利开展。

（二）因地制宜对户外运动形式进行合理选择

体育教师应当根据高校学生的运动兴趣，在正式开展户外运动训练前，向学生介绍相关的知识，使其能将户外运动的基本技能掌握。之后可以根据现有的体育条件，因地制宜对户外运动的形式进行合理选择，使学生带着轻松的心情投入户外运动中。体育教师应当将户外运动的各种训练知识向学生详细讲解，使其将相关的技能掌握，对注意事项了解，保证户外运动训练的安全。同时高校应当对学生群体的情况进行深入调查，掌握学生对户外运动训练的认知与认可程度，结合其实际情况将相关课程的针对性提升，使学生能够真正了解户外运动的重要性和意义，从而积极参与到训练当中。

（三）教学方式的合理采用

体育教师在户外运动训练的理论教学过程中，可以利用现代信息技术以视频的形式，将户外运动的流程向学生展示，或是将枯燥单一的理论学习转化为师生讨论，使教学方式更加生动有趣，或是通过信息技术将定向越野比赛、公开赛等户外运动赛事为学生播放并为其详细解说，使学生对理论知识有更深的

理解。同时可以让学生结合自身的兴趣爱好与身体素质,对户外运动的训练项目自行进行选择,通过学习将体育知识、技能与活动掌握,使训练过程变得更具科学性与针对性。另外,高校之间可以将合作力度加大,不同院校之间可以联合开展户外运动训练的组织活动,共同研究教学课程,学校之间还可以开展活动竞赛,使学生的户外运动训练内容更加丰富。

(四)户外运动训练的安全管理

由于户外运动具有探险性和刺激感,学生进行训练时会面临很多危险因素,所以必须对训练过程中的安全问题提高警惕,避免发生意外。对训练项目进行设计时,应当对可能存在的安全隐患进行综合考虑,具有复杂地貌的训练地点不可以选择。体育教师要将踩点工作提前做好,并认真开展安全检查,对训练中易出现危险的地方提前预防。进行训练之前体育教师要提醒学生注意安全,在训练阶段将监督管理工作加强。高校根据这些特点可以专门设置管理机构,为使训练能够有序开展实行一级管理体制。

(五)训练经费的保障

虽然户外运动训练的开展所需资金不多,但是高校依然应当根据训练项目和使用的器材投入必要的启动资金。对于户外训练项目,具备条件的学校可以开展水上和野外项目,确定项目后采购相应的训练器材。在对教学不影响的情况下,可以对外开放训练基地,不仅可以为群众提供服务,还能将资金回收投入,为今后开展户外运动训练的资金提供保障。

综上所述,在高校体育教学中实施户外运动训练,对学生全面发展和改革创新体育课程体系极为有利,体育课程具有更加丰富的内容,同时拓展了体育课程的空间。具备实用性和趣味性的体育课程,可以将体育教学的作用充分发挥出来,所以高校应当对户外运动训练更加重视,提高学生的体能,培养其健康心理,达到高校体育教学的目的。

第七节 基础训练在高校体育舞蹈教学中的应用

体育舞蹈在我国高校中兴起的时间不长,因此在教学中存在一定的问题,尤其是在基础训练上,忽视对学生基本形体的塑造,忽视教学内容,并且未树立正确的高校体育舞蹈教学目标。随着我国国际地位的提高,中西文化之间的融合已经成为一种趋势,而舞蹈是中西文化结合的一个重要体现,加强基础训练,在体育舞蹈教学中提高学生的审美能力十分重要。

一、基础训练的作用

体育舞蹈的基础训练是指舞蹈中的一些基本动作练习,包括学生对舞蹈因素的选择和理解等。基础训练可以塑造学生的形体,加深学生对体育舞蹈形式和作用的认识。高校开设体育舞蹈课程的目的在于通过舞蹈培养学生的素养,而不是强调专业性,因此基础训练往往是高校体育舞蹈教学的核心内容甚至是全部内容。通过基础训练,可以使学习舞蹈的学生体形标准,身体协调能力提高,并且能够增强学生的主体节奏感,改变学生的仪态,对其日后的生活和工作具有积极作用。另外,体育舞蹈的基础训练可以培养学生的审美能力,使其走上社会后能够积极向上,并且具有正确的价值观和人生观。外在的形态往往能够影响学生的心理,而通过体育舞蹈教学中的形体训练,可以使学生认识美,并且提升自身的气质,从而有利于学生自信心的建立。

二、高校体育舞蹈的特点及教学现状

体育舞蹈与我国的文化结合后形成了一种新的形式,具有自己的特点。要推进高校体育教学的发展,需正确了解体育舞蹈的特点,推进基础教学。在基础教学方面,体育舞蹈的特点体现在音乐和服饰两个方面,其中音乐上体现为多元性,高校目前教学中则仅采用了一两种音乐风格。基础训练教学中应体现舞蹈音乐这一特点,采用多种风格的音乐与舞蹈动作相匹配,使舞者的感情表达更充沛。体育舞蹈主要包括拉丁舞和摩登舞,并且每种舞蹈具有多种类型。在当下的教学中,存在两个问题。一是对于不同类型舞蹈之间的差别认识不清,教学混乱,导致教学效率低下。二是仅从某一种舞蹈的教学入手,采用千篇一律的教学方法,所选音乐也不能与教学内容相匹配。不同的舞蹈学习要选择不同的规定服饰,体现舞蹈的美感。但是在高校教学中,由于教学资源有限,对体育舞蹈教学的重视程度不足,导致教学中的服饰随意,不能体现出国标舞的美感,从而影响了学生审美能力的形成。事实上,体育舞蹈服饰对于不同性别和不同类型的舞蹈是有具体规定的,如在摩登舞中,男性舞者要选择燕尾服,但这一要求在目前的体育舞蹈教学中很难统一,这成为影响教学的重要因素。

三、基础训练在高校体育舞蹈教学中的应用分析

（一）明确基础训练的内容

基于基础训练在高校体育舞蹈教学中的重要作用，教师应明确基础训练的内容。一般我们认为体育舞蹈基础训练包括两方面内容，一方面是学生身体素质的提高，这一点可以通过舞蹈基本动作实现，也可以通过课外体育项目来实现，总之要求学生具有一定的力量和韧性，掌握体育舞蹈的基本功。同时，要求在高校体育课程中将体育舞蹈进行分类，并且根据学生的身体特征和对音乐类型的喜爱程度进行区别教学。另一方面是学生对基础训练理论知识的掌握，要求教师讲授体育舞蹈的起源、类型以及舞蹈基本动作，并且结合我国古典元素，对体育舞蹈动作进行改革，使其符合我国学生的特点。注重基础训练的效果，尤其是观察学生在基础训练后的形态变化和心态变化。

（二）注重提高学生的灵活性

基础训练虽然是练习一些基础的动作，但是高校教师不应采取同样的教学模式，而应注重提高学生的身体灵活性。要求体育舞蹈教师因材施教，选择适当的音乐，注重学生音乐律动感的培养，并且根据每个学生的掌握程度可以将基础动作进行细化，注重每个学生的基本体态和形态变化。针对韧性不好的学生可以多做一些形体上的练习，对于动作不标准的学生则应进行反复练习。总之，基础训练教学要具有灵活性，分清轻重，正视教学目标，在教学中培养学生的兴趣，注重学生自学能力的培养，并且在基础训练中提高学生的审美能力。

（三）巩固学生对基础动作的记忆

高校在体育舞蹈教学中，一般通过表象训练来加深学生对动作的记忆。表象训练包括完整动作和分解动作，并且包括动作与动作之间的顺序、衔接教学，使学生能够不断地回想教师的动作，加上教师在教学之后的提醒，就会使学生掌握基本的技术动作。表象训练可以使学生的动作更加规范，是初学者的最佳选择。学生在学习舞蹈时，多是从模仿开始的，基础训练使得动作更加直观，基本功更加扎实。在具体的教学中，还应注重学生对于音乐的理解与配合，在音乐的选择上可以参考舞蹈的特征，结合我国民间音乐的特点，使其教学内容更加丰富，这些都是基础训练的基本内容，正确选择音乐并培养学生的音乐感知能力，才能促进体育舞蹈教学。

随着中西文化的融合，体育舞蹈已经成为我国高校内的基本教学内容之一。体育舞蹈教学有助于培养学生的审美观念、意志品质和职业能力。当然，要在

教学中注重基础教学，保证学生的形态美，在基础训练过程中，遵循形体训练的原则，注重基础训练的针对性和丰富性，注重学生对于动作的掌握和自主学习能力的提高。实现东西方文化和艺术的结合，促进我国高校体育舞蹈教学效率的提高。

第八节 核心力量训练在高校体育教学中的应用

核心力量训练是力量训练形式的一种，是维持身体灵敏度和协调性的重要方式。在众多形式的力量训练中，核心力量训练是身体素质方面的基础训练。所谓的"核心"是指人体的中间环节，它主要是肩关节以下，髋关节以上包括骨盆在内由29块肌肉组成的整体。核心力量训练在体育教学中具有重要意义，在体育教学中，适当进行核心力量训练，可以有效提高学生的身体素质，改善学生的健康状况，防止出现因为采取不恰当的训练方式而导致肌肉和关节损伤的情况。本节通过以下分析和研究来探讨核心力量训练在体育教学中的应用情况。

肩关节以下，髋关节以上包括骨盆在内的区域训练在体育训练中维持着全身的力量，帮助协调身体的关节和骨骼、肌肉等身体各部分的锻炼。正如大部分人所知的那样，核心力量的训练在体育训练中可以调动全身的肌肉。因此，教师在体育教学中，要特别注重学生在核心力量上的训练，提高学生的身体素质和肢体的灵活性，使学生在具体的体育项目上进行练习时取得一定的进步。在目前的体育教学中，核心力量的训练存在严重不足。因此教师在进行体育教学时，要注意核心力量的训练，弥补学生在体育核心力量锻炼上的缺失，确保体育教学取得良好的效果。

一、核心力量训练在体育教学中的应用分析

核心力量训练在体育教学活动中是一种比较新颖的教学方式和训练方式，这种教学方式和训练方式的开展，需要尽快落实到教学和训练的实践中去。在体育教学中，要做好关于核心力量训练的相关知识和理论的讲解，让学生对核心力量训练有一个总体的认知，然后再进行具体的实践操作。教师要根据每个学生的身体素质对核心力量的训练有一个合理的安排，避免不合理的训练安排导致学生在运动中出现受伤的情况，同时尊重学生的个体差异，有针对性地安排训练项目和训练强度，让每个学生都能得到足够的训练，使体育锻炼更加有效，增强学生的身体协调能力。

二、核心力量的训练在体育教学中存在的问题

（一）核心力量的训练设施不健全

核心力量训练单纯依靠教师的讲解和知识的普及是远远无法满足要求的，这种训练方式和内容更需要的是教学设备的支撑，否则核心力量的训练在体育教学中将不能落到实处。而这些情况正是如今在体育教学中面临的问题。训练器材的缺乏造成核心力量训练无法完成预期目标，使大部分体育活动的开展遇到了严重阻碍。此外，训练器材的缺乏让教师的教学活动变得格外拘束，在培养学生的良好身体素质上没有取得实际效果。因此，核心力量的训练设施还需加以完善，使得训练活动变得更加有趣和丰富，在一定程度上改变体育教学中单一和枯燥的教学现状，以此来提高体育教学的质量，帮助学生在体能训练中获得更大的进步。

（二）核心力量的训练在体育教学中流于形式

在传统的教育思维对广大教师和学生的影响下，体育教学的开展面临着很多困难。部分学校出现了不重视体育教学的情况，使核心力量的训练在体育教学中流于形式，无法落到实处。核心力量的训练在体育教学中不能只停留在形式上，而是要在具体教学训练中体现出来，这样才能达到训练的效果。此外，关于核心力量的训练不能只是简单地喊口号，而是要将核心力量训练的意识灌输给每个学生，提高学生在核心力量训练方面的自主性，激发学生对体育锻炼的兴趣。

（三）核心力量的训练在体育教学中强度不够

核心力量训练在体育教学中无法取得理想的效果，除了相关的训练设施不够健全，在某些训练项目上流于形式外，还有一个原因是在体育教学中核心力量的训练强度不够。核心力量的训练是一个需要调动全身的训练，只动用身体的其中一部分无法达到实际需要的效果。因此，在教学过程中，教师要合理增加核心力量的训练强度，确保体育教学的效率得到提高。此外，教师需要根据学生的体能施加不同的训练强度，同时根据学生的训练情况提出合理的建议和改进措施，让每个学生都能在核心力量的训练中达到相应的标准。而学生在参与核心力量的训练时，除了听取教师的建议和教学要求之外，还要在业余时间进行必要的锻炼，使核心力量的训练强度达到一定的标准。在核心力量的训练上，学生不能只听从教师的安排，课余时间的练习仍然是非常重要的，让身体在核心力量的训练上保持相对活跃的状态，才能取得良好的训练效果。因此，

在核心力量的训练中,适当增强训练强度,对于体育教学的高质量开展是很有必要的。

三、核心力量训练在体育教学中的优化措施

(一)增加肌肉力量和维度的训练

在核心力量的训练中,增加肌肉力量的训练和肌肉维度的训练具有重要意义,可以让体育教学取得更好的效果,帮助学生在身体机能的训练中达到一定的标准。从某种程度上来说,增加肌肉力量和维度是体育教学中的关键环节。肌肉的力量和肌肉的维度在一定范围内是成正比的,肌肉的维度越大,也就意味着肌肉的力量越大。因此,在核心力量的教学中,教师要让学生通过训练适当增加肌肉力量和维度,帮助学生在其他项目的体育训练中充分施展开来,同时尽可能减少因训练的强度安排不合理而出现肌肉损伤的情况。正如人们所知的那样,肌肉力量和肌肉维度在核心力量的训练中处于关键环节,理想状况下的肌肉力量和肌肉维度可以使体育训练实现更高的目标,同时在形体和健康上使人达到良好的状态,开发核心力量训练的潜能,增加核心力量训练的信心,帮助提高体育教学的效率和质量。

增加肌肉力量的方式有很多,在训练中要注意饮食的搭配,这对于肌肉的增长具有重要的辅助作用,具体操作方法就是,在训练完以后,适量吃一些蛋白质含量较高的食物。此外,要合理安排休息的时间,让刚参加完训练的身体有一个缓冲。适合增强肌肉力量的运动有短跑、深蹲、举重等,其中深蹲包括自重深蹲和杠铃深蹲。深蹲能很好地激发全身的力量,是很多运动员进行肌肉训练的重要项目,尤其是腿部肌肉的训练。自重深蹲可以使腿部肌肉得到充分的锻炼,促进腿部肌肉的增长,增加腿部肌肉的力量。同时可以适当增加一些杠铃深蹲的训练,让股四头肌的四个区域得到很好的锻炼,配合自重深蹲训练,使肌肉力量的增加取得更加理想的效果。

(二)完善相应的体育训练设施

上文提到在体育教学中体育训练器材和设施的缺乏对于核心力量训练会形成巨大的阻碍,因此,学校和相关单位要注意完善相应的核心力量训练设施,使核心力量训练顺利开展下去。完善相应的体育训练设施,可以让体育教学摆脱单一的模式,使核心力量的训练更加多元化,在训练的初期提高学生的自主性,培养良好的训练习惯,激发学生对核心力量训练的兴趣。在体育教学中,教师对不符合训练标准的器材要逐一进行检查,寻找专业人士对被毁坏和过于

陈旧的设备实行检修和维护，减少因设施不完善而出现训练不达标的情况。同时，教师要做好核心力量训练的相关工作，遵守体能训练的规范和标准，帮助学生更好地完成核心力量的训练，提高体育教学的效率，使核心力量的训练得到更进一步的实施。

（三）加强核心力量训练的宣传

核心力量的训练作为体育教学的关键环节，除了要完善教学方案和训练器材，帮助学生增加肌肉力量和肌肉维度之外，还要进行一定的宣传，通过合理范围内的传播，把核心力量训练有关的教学工作开展下去。在体育教学活动中增加心理建设教育，对于核心力量训练的开展具有重要的辅助作用，可以让体育锻炼的意识在学生中传递开来，消除一部分不喜欢运动的学生对于核心力量训练的抵抗情绪，让体育训练得到更多学生的认可，挖掘学生在核心力量训练上的潜力，激发学生的锻炼热情，帮助学生在核心力量训练中取得进步，提高学生的身体素质，增强核心力量训练的教学效果。

（四）提高教师队伍的专业程度

从师资力量的角度来说，专业的师资队伍对于核心力量的训练起着非常关键的作用。因此，要做好体育专业相关教师的队伍建设，选拔出足够专业和优秀的教师来负责核心力量训练方面的教学工作，提高核心力量训练的效率和质量。帮助学生在核心力量训练中取得进步，避免出现在体育上专业能力不足的教师指导学生的核心力量训练，导致体育教学工作效率较低的情况。作为指导学生的教师也要不断提高自己的专业性，坚持核心力量的训练和教学工作，弥补学生身体素质方面的不足，使核心力量训练的教学工作取得有效的进展。

在相关训练活动中加入适当的核心力量训练，对于身体各个关节与肌肉的协调和控制具有重要意义。因此，教师在开展体育教学活动时，可以指导学生在核心力量方面进行适当的训练，帮助学生了解自身的身体机能，让身体长期保持一个健康的状态。当今的体育教学面临着学生的体能训练严重欠缺导致身体素质较差的问题，教师有必要通过教授核心体育锻炼的方式，提高学生的身体素质，同时，使体育方面的教学质量得到提高，在一定程度上解决现阶段体育教学出现的相关问题。本节通过对体育教学中核心力量训练的分析和研究，阐述了人体中间环节的锻炼对身体素质的提高和身体各个部分的协调与平衡的重要性。希望借本节的叙述能解决一部分体育教学中出现的问题，提高体育教学的质量，帮助学生在体育训练中取得更大的进步。

第九节　步法训练在高校体育网球教学中的应用

纵观当前高校网球教学，学生的步法问题尤其多，如步法凌乱、重心不稳、动作技术不成型等，长此以往，必定会影响到高校教师网球教学活动的有效开展。基于此，加强步法训练在网球体育教学中的应用则显得十分重要，总体而言，不仅利于学生位移速度以及步法变化能力的提高，还能促使学生的网球步法移动变得更加准确，而这对于从事网球教学的教师而言，是相当任重而道远的。

一、网球步法训练的相关内容

（一）步法训练的基本要点

网球步法，主要就是指网球运动员在网球运动中的移动方法。从专业角度来讲，步法训练的基本要点首先是快，这是网球步法最基础的要求；其次是准确，这就要求运动员要合理运用小碎步，以此找到最佳击球点；最后是要合理分配步法时间和空间，从而获得更充分的时间去找准落球点回击。

（二）影响步法训练的关键因素

影响网球步法训练的因素有很多，总体而言有以下两个。

一是网球教学时间太少。调查发现，普通高校一个学年有大约35周的课程，且一般是每周一节体育课，但这对于原本就缺乏锻炼的大学生而言还是不够科学和合理的，甚至有的时候，因为天气、课程安排等原因，网球教学课时还会减少至20多节课。

二是忽视对学生体能的训练。总体而言，高校场地的训练空间是极为有限的，加上大部分的体育课都扎堆在同一时间开展，所以，在此种体育教学环境下，高校体育教师会更注重体育运动技巧的教学，而没有意识到增强学生体能的重要性。

二、步法训练在网球教学中的应用

（一）网球教学中提高反应速度的步法训练

网球步法中的反应训练，主要包括纵向移动、横向移动、前向移动、后向移动以及斜向移动，且需要训练者的反应速度和移动速度相当，进而才能促使步伐能够跟得上。在这个训练过程中，一定要注意步法的控制，否则会很容易因为惯性的原因，而导致训练者的速度停不下来。

为此,网球体育教师在训练学生的时候,一定要结合学生的特点,例如,根据学生的运动量和运动强度,及时对训练方法进行调整,或者通过分组、对抗、比赛等训练方法激发学生对网球步法训练的兴趣。

总之,当学生的学习积极性得到有效调动之后,整个步法训练教学才能获得事半功倍的效果。

(二)网球教学中提高击球准确度的步法训练

加强步法训练在高校体育教育网球教学中的应用,其意义和价值都是不言而喻的,长远来看,这对于提高击球的准确性也是很有帮助的。

由于网球击球的时候,需要站在一个相对比较稳的地方,才能确保击出的球角度和力道更加准确,否则击出的球会很容易脱离原设想的轨迹。所以,教师在教学的时候,应该要求学生在步法上尽量实现大步和小步的组合,即在大步横纵前后移动以后,紧接着配合小碎步来调整距离,并在先快后慢的原则下保持好距离和节奏,以此确保击球的准确性和稳定性。为了获得良好的训练效果,教师还可以根据学生的实际学习情况,适当地为其增加障碍物,这一方面能提高学生对球的敏感度,另一方面能实现短距离训练击球的准确性。

(三)网球教学中提高步法合理性的步法训练

相对于其他体育运动项目而言,网球是一项运动幅度和运动空间比较大的项目,如果学生没有掌握良好的步法训练技巧,则很容易在打球的过程中造成体力的大量流失。

鉴于此,教师对学生进行系统步法训练的时候,一定要将合理节约体力的意识灌输到他们的脑海中。而在平时的训练中,教师其实是可以指导学生使用底线左右的交叉步、底线左右的开放式击球、米字形跑回位等合理的步法训练方式的,事实也一再证明,这不仅可以节省他们的体力,同时也能为他们快速回位和下次击球做好更加充足的准备。

步法训练是网球教学中的重要内容,作为一项全身型的运动,对于训练者的反应速度、击球准确度等都提出了较高的要求,鉴于这些都依赖于步法的训练,所以,高校体育网球教师必须要对学生的步法训练加以重视。可是,在研究调查中也发现,很多高校以及从事网球体育教学的教师,都没有意识到步法训练应用的重要性,而为了改变这一教学现状,本节进行浅析,也是希望高校的网球教育教学事业能够获得显著发展。

第十节　练习指导法在高校体育教学与训练中的应用

从20世纪60年代至今，各体育强国为了全面提高本国学生的身体素质，逐渐在体育教学与训练的过程中渗透练习指导法，即通过指导练习的方式，帮助学生深入理解体育动作要领，我国也是如此。在高校体育课教学过程中，练习指导法得到了广泛应用。该方法所呈现的特点是：对技术要求比较低，实际操作简单，实用性强，练习效果明显，可以充分发挥实践的优势增加体育课程的运动负荷，使学生的基本活动能力、身体素质得到全面提高。在体育教学中，通过不同形式的练习能提高学生的机体能力，尤其是肌肉力量、心脏功能。此外，练习指导法也可以调动学生参与体育课程的积极性，使学生能够形成独立锻炼的意识。

一、练习指导法概述

练习指导法主要囊括两个层面的含义，其一在于练习方法，其二则是指导方法。这两种方法均是以教师为主体的教学方法。练习方法是体育教学期间所使用的重复练习法、变换练习法、游戏练习法、循环练习法、比赛练习法等；而指导方法则是指以语言、直观、完整、分解等多种方法对学生错误的体育动作进行纠正。近一段时间，我国高校体育教学逐渐开始应用练习指导法，也有一些专家大力提倡这种教学方法，为体育教学与训练提供了有效的教学指导手段。

依据性质以及特征，练习指导法主要有三种类型，即心智技能练习、动作技能练习、文明行为习惯练习。第一，心智技能练习，主要是体育基础知识阅读；第二，动作技能练习，指围绕体育技能以及操作技能所进行的一系列练习；第三，文明行为习惯练习，指开展体育运动教学期间所涉及的卫生习惯、礼貌习惯、守时习惯等的培养。依据学科进行分类，练习指导法被分为几种不同的类型，如体育基础知识的阅读与理解，体操、田径以及球类等不同项目的实践，体育运动期间习惯的养成等。

二、练习指导法理论与实践的关系

（一）二者之间的差异

高校在开展体育教学期间，对于练习指导法的理论知识和实际操作这两者存在很大差异，例如，不同的学生个体在开展体育训练时并不是一对一教学，

主要是一个教师面对数十名学生所展开的灌输式教学。而不同学生的智力、生理发育及心理素质都存在很大差异,且体育的起步点以及基础水平也各不相同,这些都是开展体育教学时必须要考虑的问题。不同的学生在重复一个体育动作时,必然会体现出不同的效果,动作完成的成功率也参差不齐。如果教师只是按照理论知识展开教学,那么会对最终训练结果造成影响。

例如,某高校教师带领一个班的学生学习乒乓球发球技巧,班级共有35名学生,为了保证教学质量,教师采用了练习指导法。因为每个学生的乒乓球基础不同,教师指导学生动作时,每名同学所呈现的效果也不同,基础较好的学生对于要领的掌握比较快,但是基础较差的学生就相对而言比较慢。这时教师应因人而异,可以通过练习指导的方式帮助基础差的学生,最终获得预期的教学效果。可是如果教师仅进行理论基础教学,那么对于学生动作要领的掌握就没有任何帮助。

(二)练习指导法处理方式

在体育教学过程中应用练习指导法最为关键的是因人而异,体育教师必须认识到体育训练教学的重点除了教师传授以外,学生的理解与掌握也十分重要,只有学生充分掌握体育动作练习的最佳方式,才能达到最佳的训练效果。因为学生的性格、体质、体育基础存在差异,对于体育学习的接受度自然也不同,教师在组织教学期间必须对这一点加以注意,灵活使用教学方法,针对性地展开体育训练指导。教学期间,学生可能因为身体、心理等原因而形成畏惧以及厌烦等心理,教师应及时发现这些问题,并逐步展开指导,帮助学生建立信心,在练习过程中逐渐克服不良心理,高质量地完成体育训练。因此,为了提升体育训练水平,教师必须将理论与实践相结合,科学运用练习指导法,提高体育训练的质量。

例如,教师应用练习指导法组织学生进行羽毛球发球练习时,必须先了解学生对羽毛球运动的掌握情况,结合每名学生的实际情况制订针对性的指导方案。教师若在了解过程中发现部分同学对于该运动有抵触心理,可通过谈话了解具体原因,在指导过程中帮助这一部分学生树立羽毛球运动的信心,进而完成羽毛球练习。

(三)练习指导法基本要求

第一,确定练习根本目的。尽管练习是多次重复某项运动,但并不是机械性重复,而是在目的的带领下逐步引导学生掌握体育运动技能。所以在练习指导期间,教师除了要明确练习目的之外,还要让学生了解练习需要遵循的要求,凭借其对教材中基础理论的理解，主动进行体育练习。

第二，选择合适的练习材料。选择练习材料时需要结合练习目的、学生情况、体育学习需求。一方面要强化体育基本技能训练，将不同形式的练习紧密结合，使学生逐渐提高技能水平；另一方面要学会举一反三，在练习与训练过程中提高学生的操作与创新能力。

第三，掌握科学的练习方法。练习必须根据固定流程进行，无论何种形式的练习，都要调动学生参与体育训练的积极性，建议采用全部练习法、分段练习法这两种方法。分段练习法也被称为单项练习法，就是将比较烦琐的体育运动分解成若干个部分，先展开专项练习，随后再进行综合练习。例如，某高校教师带领学生进行篮球投球练习，教师先对动作进行讲解与示范，使学生了解动作的操作方法，让学生了解动作流程，随后再带领学生进行练习，保证每一个动作的正确性以及操作的熟练性。练习过程中必须保证多样化，如此可以充分调动学生练习的积极性。

第四，保证练习次数与时间的合理性。要想使学生形成良好的运动习惯，必须保证足够的练习次数，但是也不能过多，应按照体育运动的性质以及学生年龄等合理确定。例如，教师组织学生练习乒乓球运动时可以将练习次数分散，这种方式所获得的效果比集中练习更好。开始练习之后，次数要尽量多，但是每次时间不要太长，随着练习次数的增加，可以逐渐缩小时距，以免学生产生厌烦心理。

三、练习指导法在应用过程中存在的问题与原因

通过一段时间的观察得知，体育教师对学生展开练习指导时也存在很大差异。例如，有的教师采用放任自由式指导，由学生自主展开练习；有的教师则为学生规定了场地，让学生勤加练习，并且为其提供有效指导；有的教师指导时所使用的方法不合理，导致最终效果不理想。以上问题的存在，给教师体育教学水平的提升带来诸多限制，并且降低了体育教学质量，使练习指导逐渐成为体育教学中最为薄弱的环节。

出现以上问题的原因主要有教师主观因素、客观影响因素两个方面。其一，教师主观因素。①教师的教学态度不端正，缺乏敬业精神以及责任心；②教师在学习方面仍需加强，不善于总结经验，对教学方法的研究不深入，依然采用粗放式教学方法。其二，客观影响因素。①体育教学理论存在偏颇。这一点主要体现为重理论、轻实践，不注重结合，日常分散采用各种教学方法，导致效果不明显。再加上体育教学自然进程与传统教学方法的示范、讲解与练习等环

节并行，教师对教学方法和步骤之间的交融性认知不足，进而出现了教学方法和流程脱节的现象，使教学实践环节出现偏差。②教学评价需要完善。体育教学评价过程中存在重教学、轻学习的问题，个别教师并不注重学习指导方法，对学生学习技巧的指导以及训练缺乏重视。教育部门针对我国体育教学出台了《全国学校体育课程指导纲要》，其中对教学方法、学习方法、练习方法等提出了明确要求，即体育教学除了要关注教法，还要深入研究学生的学习方法、练习方法，在教学、训练过程中全面提升学生的自学自练水平。

四、练习指导法在高校体育教学与训练中的运用策略

（一）掌握指导时机

一般练习指导的时机都是学生练习期间存在疑惑时，教师对学生进行体育动作指导，鼓励学生继续练习，使其能形成参与体育锻炼的积极性，运动技能有所提高。在开展练习指导的过程中，如果发现学生动作出现错误，教师必须及时予以纠正，以免一段时间之后错误定型。例如，教师引导学生进行篮球运球技巧练习时，若发现课堂上学生的注意力不集中，或者有学生情绪低落，这时教师必须对这一部分学生进行适当引导，积极调适学生的情绪。若是学生在运球期间因为强度过大而受伤，教师就需要调整练习次数与强度，并且对学生的伤情进行适当处理，如果发现事先选择的练习方式不合理，则要及时予以更换。

（二）充分利用指导空间

开展体育练习指导时，教师必须要选择宽敞的场地让学生保持队形。通常教师应在体育练习指导过程中仔细观察每一名学生练习时的状态，以便及时发现问题并处理。对所有学生进行练习指导时，教师需要调整学生的队形，将技能掌握比较差的学生尽量安排在中间位置，同时，教师要保证讲解示范的科学性。

（三）明确指导方法与渠道

教师带领学生进行指导练习时使用的方式比较多，依据信息交流方式划分主要有视觉、听觉与触觉指导练习法等几种。例如，教师带领学生开展羽毛球发球练习，如果采用视觉指导练习法，主要包括示范、手势引导以及脚腿示向等；如果采用听觉指导练习法，包括讲解、评价、口令以及音乐等；如果采用触觉指导练习法，则包括动作指导与保护等。

（四）练习指导法应用期间的注意要点

第一，练习指导必须符合学生的生理、心理发展规律，按照教学进度划分层次。初期采用注入性教、接受性学的方式，指导形式则应用领练方法；随后进入掌握阶段，则以启发性教、发现性学为主，指导形式则采用点拨式方法；最后则以养成学习习惯为主，指导形式采用指挥方法。第二，因为练习指导主要是学生已经参与到练习阶段的一种教学行为，所以指导本身带有针对性和调整性等特点。练习方法除了平时会用到的重复、间歇变换以及游戏、竞赛等以外，也会采用模仿、诱导和辅助等方法。第三，鉴于练习指导本身的特点，指导组织应更加关注个别学生，如学困生、对训练有抵触情绪的学生等。第四，练习指导法应用期间务必要结合多种方法。

综上所述，将练习指导法运用于高校体育教学中，一方面可以及时纠正学生的错误，使学生能够熟练掌握体育运动技巧，另一方面则可以帮助学生养成良好的运动习惯，通过体育练习提高身体素质。

参考文献

[1] 曲宗湖，杨文轩. 学校体育教学探究 [M]. 北京：人民体育出版社，2000.

[2] 徐本力. 运动训练学 [M]. 济南：山东教育出版社，1990.

[3] 董传升. 科技奥运的困境与消解 [M]. 沈阳：东北大学出版社，2004.

[4] 萨丕尔. 语言论 [M]. 陆卓元，译. 北京：商务印书馆，1985.

[5] 于涛. 体育哲学研究 [M]. 北京：北京体育大学出版社，2009.

[6] 科特金. 全球城市史 [M]. 王旭，译. 北京：社会科学文献出版社，2014.

[7] 卢元镇. 体育社会学 [M]. 北京：高等教育出版社，2001.

[8] 维加雷洛. 从古老的游戏到体育表演 [M]. 乔咪加，译. 北京：中国人民大学出版社，2007.

[9] 王祥荣. 生态与环境——城市可持续发展与生态环境调控新论 [M]. 南京：东南大学出版社，2000.

[10] 李元伟. 科技与体育——关于新世纪体育科学技术发展问题 [J]. 中国体育科技，2002（6）：4-9.

[11] 王智慧，王国艳. 体育科技与体育伦理辨析 [J]. 体育文化导刊，2012（6）：146-148.

[12] 曹庆雷，李小兰. 前沿科技与体育 [J]. 山东体育科技，2004（1）：37-38.

[13] 张朋，阿英嘎. 科技与体育的对话——利弊述评 [J]. 福建体育科技，2015，34（4）：1-3.

[14] 谢丽娜. 从奥运会比赛成绩看运动器材的变化 [J]. 体育文史，2000（4）：52-53.

[15] 杜利军. 奥林匹克运动与现代科学技术 [J]. 中国体育科技，2001（3）：5-8.

[16] 于涛. 从哲学角度再认识身体对揭示体育本质的意义 [J]. 上海体育学院学报，2008（3）：18-20.

[17] 张洪潭. 体育的概念、术语、定义之解说立论 [J]. 西安体育学院学报，2006（4）：1-6.

[18] 张庭华，李培，王颖，等. 走出体育语言——从语言学界的共识看媒体体育语言现象 [J]. 体育文化导刊，2007（7）：50-54.

[19] 周爱光. 体育本质的逻辑学思考 [J]. 武汉体育学院学报，1999（2）：19-21.

[20] 熊斗寅. "体育"概念的整体性与本土化思考——兼与韩丹等同志商榷 [J]. 体育与科学，2004（2）：8-12.

[21] 王春燕，潘绍伟. 体育为何而存在？——20世纪80年代以来我国体育本质研究综述 [J]. 体育文化导刊，2006（7）：46-48.

[22] 宋震昊. "体育"本体论（二）——体育概念批判 [J]. 南京体育学院学报（社会科学版），2006（3）：1-6.

[23] 胡科，虞重干. 真义体育的体育争议 [J]. 南京体育学院学报（社会科学版），2010，24（4）：59-62.

[24] 张军献. 寻找虚无上位概念——中国体育本质探索的症结 [J]. 体育学刊，2010，17（2）：1-7.

[25] 崔颖波. "寻找虚无的上位概念"并不是我国体育概念研究的症结——与张军献博士商榷 [J]. 体育学刊，2010，17（9）：1-4.

[26] 何维民，苏义民. "体育"概念的梳理及匡正 [J]. 武汉体育学院学报，2011，45（3）：5-10.